Ralf Willing *Trumpet Blues*

AF208514

BOOKS on DEMAND

Zum Autor:

Ralf Willing, geb. am 25. Februar 1949 in Vreden, ist ein deutscher Trompeter.
Er wurde ab seinem achten Lebensjahr von seinem Vater Gerd (Militärmusiker u. Kapellmeister) in Klavier und Trompete unterrichtet. Erste Auftritte hatte er in den Orchestern seines Vaters. 1964 gewann er im Alter von 14 Jahren den Wettbewerb *Jugend musiziert* im Fach Trompete.

1964-1969	Studium am Konservatorium Münster Hauptfächer Trompete, Klavier und Kontrabass gleichzeitig Aushilfe im Sinfonieorch. Städtische Bühnen Münster
1969-1970	Quintett Charly Habel
1970-1972	Orchester Teddy Stauber
1972-1974	Bandleader Orchester Tony Marshall
1974-1980	1. Trompeter bei Hugo Strasser Studiotrompeter in München
1979-1991	eigene "Showband Ralf Anthony und sein Isar-Express München Tournee-Orchester von Marianne und Michael, Heino u.v.a.
1991-2007	Präsentant und Organisator bei versch. Werbefirmen (Musik)
2013	Veröffentlichung seiner "Trompeten Methode für Höhe, Ausdauer, Ton und Sicherheit"
2014	R.W. spielt in mehreren Orchestern 1. Trp. und ist Bandleader der "Alten Knacker Bänd"

(Quelle: wikipedia)

Ralf Willing

Trumpet Blues

Die Tonleiter des Lebens
in Dur und Moll

Erinnerungen eines Profimusikers

Bibliografische Information der Deutschen Nationalbibliothek:
Die Deutsche Nationalbibliothek verzeichnet diese Produktion in der Deutschen National-bibliothek; detaillierte bibliografische Daten sind im Internet über www.dnb.de abrufbar

Herstellung und Verlag: BoD - Books on Demand, Norderstedt

ISBN-Nr.978 384 822 2117

Ein Wort vorab.

Zu Beginn meiner Erinnerungen möchte ich gerne erläutern, dass es für mich ein kleines Abenteuer war, bis in die letzten Gehirnwindungen vorzudringen, um einzutauchen in eine aufregende Zeit und Vergangenheit als Mensch, Musiker und Trompeter.

Dieses Buch habe ich geschrieben, weil ich in einer Zeit als Musiker tätig war, in der sich Geschichten ereigneten, die in der heutigen Zeit so kaum noch vorstellbar sind. Das Fernsehen hatte noch eine andere Bedeutung für Musiker, es gab keine Handys, Smartphones oder das Internet. Das Studiogeschäft war für Profimusiker von größter Bedeutung. Die Tonträger hießen Kassetten und LPs. Auf den Straßen fuhren halb so viele Autos wie heute und... und... und... Also - es gibt viel zu berichten.

In der Vorbereitung machte ich mir Notizen über Notizen und siehe da:

Es kamen Momente und Erlebnisse ans

Tageslicht, an die ich viele Jahre überhaupt nicht mehr gedacht habe, andere waren wiederum so präsent als wären sie gestern geschehen. Vieles musste ich einer eingehenden Prüfung unterziehen, ob und in welcher Form es hier ihren Niederschlag finden kann. Viele Prominente haben das Recht, mir vertrauen zu können hinsichtlich der Privatsphäre.

Beim Schreiben kamen dann so viele Erinnerungen zusätzlich hervor, dass ich den Umfang meiner Erinnerungen unterschätzt habe. Ich denke aber, für den Leser wird es eine Reise durch ein bewegtes Leben. In diesen Erinnerungen geht es natürlich in erster Linie um den musikalischen Teil meines Lebens.

Einer Betrachtungsweise möchte ich vorweg den Wind aus den Segeln nehmen:

Es ist nicht so, dass ich mich als Musiker oder Trompeter außerordentlich wichtig empfinde, nein, aber Historie wird von allen Menschen und ihren Schicksalen geschaffen. So gesehen könnten wir alle ein Buch schreiben und jedes wäre interessant weil es Zeitgeschichte ist

So wünsche ich allen Lesern Spaß, Freude oder auch einfach nur das Empfinden von Gefühlen in denen sie sich vielleicht auch selbst wiederfinden. Überraschungen nicht ausgeschlossen!

Ralf Willing
im Januar 2016

Was trieb mich an, Trompeter zu werden?

Oft sind es in der Regel ja die Eltern, in meinem Fall speziell der Vater, der den Grundstein für mein Leben als Trompeter und Musiker legte. In meiner Kindheit gab es nur diese eine Domäne, diesen allzeit rund um die Uhr musizierenden Mann, dem sich alles unterzuordnen hatte.

Vater Gerd Willing

Es war immer noch die Nachkriegszeit, in der alle Menschen versuchten, durch ihre Arbeit und Tüchtigkeit den Lebensstandart zu verbessern. Gleichzeitig aber wurde gefeiert, dass kein Auge trocken blieb. Die Ereignisse des

Zweiten Weltkrieges waren allen Erwachsenen noch sehr präsent und jede Feierlichkeit, jedes Fest und alle anderen nur möglichen Anlässe wurden dazu auserkoren, das Gefühl eines freien und würdigen Lebens entstehen zu lassen und gleichzeitig die Mühen des Alltages zu vergessen. Musik, Tanz und Alkohol trugen in erheblichen Maße dazu bei. Die Älteren werden sich daran gut erinnern. Den jungen Menschen kann man dagegen nur schwer vermitteln, was die Nachkriegszeit an Nöten und Arbeit bedeuteten.

Genau in dieser Zeit kam in meiner Heimatregion mein Vater ins Spiel. Musik und Alkohol, das war sein Ding. Dank seiner hervorragenden Ausbildung als Trompeter und seines Talentes zum Entertainer machte er sich schnell einen Namen als Gestalter vieler Veranstaltungen in seiner neuen Heimat, die er mit einer schwierigen Kriegsverletzung und als Flüchtling aus Oberschlesien langsam eroberte. Er war gerade mal sechsundzwanzig Jahre jung, gut aussehend und dynamisch wie kein Zweiter in unserer Gegend.

Wenn er ein Trompetensolo spielte, lagen ihm die Leute zu Füßen. So etwas hatten sie vorher noch nie gehört. Harry James war sein großes Vorbild. Der *Hummelflug, die Post im Walde, Carneval de Venise...* die Operettenarie *Hab ich nur deine Liebe...*, *An der Weser...*, den *Mitternachtsblues* oder auch *Wonderland by Night* waren die Höhepunkte seiner Auftritte.

Ein F3 war jederzeit seine sichere Höhe. Sein Ton war brillant, voll und schön. Die Ausdruckstärke seiner Darbietungen faszinierte jeden Zuhörer. Als Redner konnte er zudem jederzeit glänzen und auch mit Humor die Zuschauer in seinen Bann ziehen.

Er scharte nach und nach die besten Musiker der Region um sich und spielte vom Duo bis hin zur Big Band jede nur mögliche Besetzung unter dem Motto:

„Sag mir was du brauchst, du kriegst es!"

Hier kam ihm auch seine Erfahrung aus der unmittelbaren Nachkriegszeit zugute. Mit nur zweiundzwanzig Jahren spielte er schon als erster Trompeter in der Big Band des größten Zirkus der Welt, *Zirkus Williams*! Später auch noch beim *Eisballett Bayer* und an der Operette in Braunschweig. Ich besitze noch ein paar Notenblätter der 1. Trompete aus der Zeit seiner Mitwirkung beim *Eisballett Bayer*. Mein lieber Mann, die hatten einen knallharten Job zu spielen. Drei volle Stunden Höchstleistung. Heute kommt dagegen ja alles vom Band.

Die Liebe zu meiner Mutter ließ ihn dann allerdings heimisch werden. Seine Heimat wurde fortan NRW, das Münsterland mit der Stadt Ahaus.

In den Jahren 1953 bis 1961 wurde er Mitglied der *Städtischen Kapelle Ahaus*, seinerzeit die beste Blasmusikkapelle weit und breit, deren Dirigent er dann auch 1961 über einen

Zeitraum von 25 Jahre wurde.

die Städt. Kapelle Ahaus
- vorne Vater Willing -

Nebenbei war er Dirigent einer benachbarten Feuerwehrkapelle, bildete den örtlichen Spielmannszug aus und betrieb die Ausbildung als Lehrer weitere fünf Kapellen im Umkreis.

Nichts war ihm fremd oder zuviel. Mit weiteren Musikgruppen wie zum Beispiel Jagdhornbläsern erreichte er sogar die Deutsche Meisterschaft in diesem Metier.

Kein Abend war dieser Mann zu Hause, jeden Abend unter der Woche hatte er Probe mit einem Verein und das sogar sonntags.

An den Wochenenden spielte er natürlich mit einem seiner Ensembles im Umkreis bis zu einhundert Kilometern Schützenfeste, Sechs-Tage-Rennen in Dortmund und Münster, Rundfunkkonzerte, Jubiläen, Konzerte mit den jeweiligen Kapellen und Tanzveranstaltungen. Kirchliche Feiertage, Beerdigungen, Hochzeiten und vieles andere mehr bestimmten sein musikalisches Leben. Dass er dann auch noch im städtischen Einwohnermeldeamt arbeitete, dazu die städtische Musikschule leitete, nötigt mir den allergrößten Respekt ab. Woher nahm mein Vater nur diese Kraft? Ich weiß nur, der Alkohol spielte in seinem Leben eine große Rolle. Dass er fast keinen Tag ohne Alkohol erlebte, ist verbürgt.

Meine Familie, im Besonderen meine Mutter, hatte dafür zu sorgen, dass jederzeit alle möglichen Uniformen, Mützen, Hemden, Hosen, Krawatten und die Schuhe einsatzbereit waren. Das Einladen der Musikanlage sowie seines Schlagzeugs hatten wir Kinder oftmals zu besorgen.

Wenn ich darüber nachdenke, dass mein Vater in kleineren Besetzungen Schlagzeug und Trompete gleichzeitig spielte, war dies mehr als bemerkenswert. *(In der Zeit von 1942 - 1944 wurde er als Trompeter und Schlagzeuger ausgebildet)*

Trotz seines Alkoholismus, trotz seines Egoismus, trotz aller für mich auch negativen Erlebnisse mit ihm ist seine Lebensleistung nicht hoch genug einzuschätzen. Nicht unbedingt für seine Familie. Sie war nur Mittel zum Zweck seiner Selbstdarstellung. Sein Verdienst war der unbedingte Wille, seinem

Publikum stets die beste Musik und Erheiterung in der Schwere der Nachkriegszeit zu geben, den auszubildenden Kapellen als starkes Vorbild zu dienen und hinsichtlich seiner Musikalität alle Musiker daran teilhaben zu lassen. Seine Kraft, seine Dynamik und seine Führungsqualität riss jeden in seiner Umgebung mit. Als Mensch der die Gesellschaft liebte, in der er auch gerne der Mittelpunkt war, kam er ohne Rücksicht auf seine Gesundheit bei Festen oder Feierlichkeiten stets als Letzter nach Hause. Noch heute sprechen die Musiker in meiner Heimatstadt über ihn in den höchsten Tönen. Die letzten Jahre lebte er in meiner Nähe in der Umgebung von Passau und starb nach langer Herzkrankheit, schwer dement am 1. April 2004 im Alter von 78 Jahren.

Viele Jahre, um nicht zu sagen Jahrzehnte, hatte ich ein psychologisches Problem mit seinem Leben und den Umgang mit seiner Familie. Für seine Kollegen, Musiker, Kapellen, Schüler, für die Gesellschaft war er der große Meister. Anerkennung und Lob waren ihm stets wichtig, für mich dagegen gab es das nicht.

Erst viele Jahre später, nachdem ich mich von zu Hause gelöst hatte und als Trompeter auch im Fernsehen zu hören war, sagte er mal zu mir unter vier Augen:

„Du spielst schon eine super Trompete!"

Dies trug sich zu am 80. Geburtstag meiner Mutter. Für sie hatte ich auf der Terrasse eines

Lokals meine Anlage aufgebaut und für sie einige Solis gespielt. Beide hatten Tränen in den Augen! Das war der Moment, in dem ich alle Vorbehalte und psychologischen Problem mit ihm verlor. Er war ein alter kranker Mann geworden.

Mutter Willing beim 93.

Als er in der Passauer Klinik nach einer Bypassoperation nur noch wenige Tage bei Bewusstsein war, *(er fiel kurz davor nachts aus dem Bett)* nahm ich für ihn in meinem Studio den Titel *Trompeters Wiegenlied* von Leroy Anderson auf. Mit einem transportablen CD-

Player fuhr ich zu ihm, setze ihm den Kopfhörer auf und spielte es ab. Diesen Titel hatte ich als kleines Kind erstmals von ihm gehört, seitdem nie mehr. Während des Abspielens sah ich, wie Tränen über sein Gesicht kullerten. Er nahm meine Hand, drückte sie kräftig und nickte leicht mit dem Kopf. Sprechen konnte er nicht mehr. Es war der intimste und schönste Moment, den es je zwischen uns gab. Da seine Operationsnarbe durch den Sturz aus dem Bett aufbrach und sich als Folge eine Blutvergiftung im seinem Körper ausbreitete, fiel er bald ins Koma, aus dem er nicht mehr erwachte.

Ich sehe sein Leben heute aus einem anderen Blickwinkel. Ja, ich habe ihn immer bewundert, ja, ich habe ihn immer geliebt, aber wir haben zu wenig miteinander gesprochen, nur zusammen musiziert mit dem Wissen um unsere Fähigkeiten. Ich glaube, es erging ihm in dieser Beziehung genau wie mir!

Papa, für mich bleibst „Du" der Größte !!

Bevor ich überhaupt eine Trompete in meine Hände bekam, sorgten meine Eltern dafür, dass mir Klavierunterricht erteilt wurde. Ich war sechs Jahre alt, und jede Woche einmal kam mein Klavierlehrer ins Haus. Unser Klavier stand im Flur, eigentlich kein idealer Platz, aber in unserer Mietwohnung gab es keine andere Möglichkeit. Wenn ich übte, hörten alle Mitbewohner im Haus mit. Beschwerden gab es nicht, vielleicht auch, weil sich keiner traute. Mein Vater war schließlich eine wichtige Person und wir waren die Einzigen, die ein Telefon im ganzen Haus hatten. Dieses wurde ab und zu auch gerne von den anderen Mietparteien benutzt, um Dringendes zu erledigen.

Ich empfand es schon damals als großes Glück, dass mein Lehrer in der Volksschule ebenfalls Pianist war, der auch den Musikunterricht hielt und schon bald herausfand, dass der kleine Ralf eine musisches Talent besaß.

Musikunterricht war damals in erster Linie durch Gesang von Volksliedern bestimmt. Eines Tages fragte er mich, was ich denn da singe, es wäre doch nicht die erste oder die zweite Stimme. Ich konnte es nicht beschreiben, aber durch Zuhören fand er dann heraus, es war eine dritte Stimme, die den Akkord vervollständigte.

Ich liebte meinen Lehrer aus verschiedenen Gründen. Er förderte mich, gab mir in vielen musikalischen Dingen den Vorzug. Besonders, was meine Schulnoten betraf, konnte ich mich trotz meiner offensichtlichen Faulheit nicht beklagen. Musik 1, in Deutsch, Lesen, Schreiben, Geschichte, Erdkunde gab es eine 2, in Rechnen und in Sport eine 3. OK....

In jedem Zeugnis stand allerdings die Zusatzbemerkung: „Ralf ist vorlaut und stört öfter den Unterricht." Das verstehe ich bis heute nicht!!!

Vier Jahre war er mein Lehrer, dann stand eine Entscheidung an: Sollte ich zum Gymnasium wechseln oder in der Volksschule bleiben?

Die Beratung mit meinen Eltern hatte ein schnelles Ende. Mein Lehrer empfahl, mich auf der Schule zu belassen. Nicht, weil ich zu dumm wäre, meinte mein Lehrer, nein..... "aber er ist zu faul!" Meine Eltern hielten sich an seinen Vorschlag, und so blieb für mich alles beim Alten.

Noch eine kleine Geschichte aus der Schule die zeigt, dass mein Vater sich immer schützend vor seine Kinder gestellt hat, wenn er glaubte, uns würde Unrecht getan.

In der 6. Klasse hatten ich einen Mathelehrer, der zum strengsten gehörte, was ich erlebt habe. Eines Tages musste ich an der Tafel einen Rechenaufgabe lösen und setzte mich danach wieder auf meinen Platz. Der Lehrer prüfte die Richtigkeit und sagte streng:

„Ralf, da fehlt noch was!"

Ich war überzeugt, dass die Aufgabe richtig von mir gelöst worden war und entgegnete:

"Wieso, die Lösung stimmt doch!"

„Nein" sagte er, „da fehlt das Komma!"

Jetzt sah ich es auch, vor den beiden letzten Zahlen fehlte das Komma. Ich ärgerte mich, dass er so kleinlich war und ging zur Tafel. Ich nahm die Kreide und zog das Komma mit einem langen Strich überdeutlich bis zum unteren Ende der Tafel.

In dem Moment knallte er mir eine gewaltige Ohrfeige auf mein rechtes Ohr. Keinen Ton sagte ich, nahm meine Schultasche und ging nach Hause. Als mein Vater in seiner Mittagspause heimkam und davon erfuhr, setzte er sich sofort ins Auto und fuhr zur Schule. Das Ergebnis?

An unserer Schule wurde der Lehrer nie mehr gesehen!! Klar war ich da sehr stolz auf meinen Vater, und bei meinen Mitschülern hatte ich jetzt ein höheres Ansehen.

2.

Wie nun aber kam ich zur Trompete?

Mit sechs Jahren begleitete ich meinen Vater zur sonntäglichen Probe seiner Städtischen Kapelle, in der er damals noch das 1. Flügelhorn spielte. Mein Stuhl war direkt neben ihm, und mit allem kindlichen Verständnis versuchte ich, die Noten auf seinem Pult zu verfolgen. Das gelang mehr oder weniger anfangs nicht besonders. Der Klavierunterricht zeigte aber wenig später bezüglich der Noten seine Wirkung und es gelang mir jeden Monat mehr, etwas von dem zu verstehen, was mein Vater da blies. Der Dirigent des Orchesters, Arnold van Eck, war ein sehr gut ausgebildeter Militärmusiker, schrieb eigene Kompositionen wie den Marsch *Grenzlandgruß* und verdiente sich allein dadurch den größten Respekt. Obwohl er einen Arm im Krieg verloren hatte, dirigierte er meines Erachtens mit viel Sachverstand und Gefühl. Ich glaube, dass auch mein Vater als sein Nachfolger von diesem Mann profitierte. Gesprochen hat er darüber nie.

Mit acht Jahren begann mein Vater mich zu Hause auszubilden. Ich bekam eine Konzerttrompete aus dem Bestand seiner Kapelle und musste die Übungen spielen, die er mir anfangs auf einem Notenpapier aufschrieb.
Ich weiß noch, dass es ziemlich langweilig

war und es sich um lange Töne handelte sowie der Tonleiter in C-Dur.

Mein Ton war, glaube ich, ganz passabel, aber gemessen an den Anforderungen meines Vaters hielten sich die trompeterischen Fortschritte in Grenzen.

Allzu fleißig war ich nicht. Klavier spielen fand ich irgendwie interessanter. Trotzdem nahm er mich eines Tages zu einem Schützenfest mit, und ich musste die Einleitung von einem Marsch spielen, die er mir aufgeschrieben hatte. Aber nicht mit dem Orchester zusammen, nein, alleine vor dem versammelten Thron des neuen Königs vom heimischen Schützenfest.

Das zweite Stück war *Hoch soll er leben, hoch soll er leben, dreimal hoch*! Als der Applaus endete, nahm mein Vater seine Uniformmütze vom Kopf und ging am gesamten Thron vorbei, um für mich zu sammeln. Die Honoratioren der Stadt ließen sich nicht lumpen, und ich weiß noch genau, in der Mütze waren sagenhafte 90 DM. Das war Ende der fünfziger Jahre ein Wochenlohn und meine erste Gage. Gesehen habe ich aber nichts davon.

Erst mit knapp zwölf Jahren, als mein Vater mir drohte, er würde im Falle meines zu wenigen Übens das Mitwirken in einer gerade gegründeten Jugendkapelle verhindern, wurde mein Ehrgeiz geweckt. Ja, und dann brachte er

die Arban-Schule ins Spiel, ein dickes Un-
geheuer mit unheimlich vielen schwarzen Noten. Aber siehe da, ein paar Wochen später
war ich mit stolzem Gesicht auf dem ersten
Foto dieser Jugendkapelle zu sehen.

**_Jugendkapelle der Städt. Kapelle Ahaus
1962_**

Einmal pro Woche gab es nun eine Probe
dieser jungen Kapelle, was bald dazu führte,
dass einige junge Leute in die große Kapelle
integriert wurden.

Ich übte jetzt viel mehr als früher, durfte
natürlich als Sohn von Gerd Willing seine
Stellung nicht untergraben. Man erwartete es
einfach, dass ich dabei war und ihm nach-
eiferte.

Und ? ... Ich war auch mit dabei.

Jetzt erst begann für mich mein Musikerleben. Mein Vater hatte nach dem Tod des

Dirigenten die Leitung der Städtischen Kapelle übernommen und sorgte dafür, dass ich als sein Sohn mit nun immerhin dreizehn Jahren die 1. Trompete zusammen mit einem älteren Trompeter spielen durfte. Ansatzprobleme hatte ich keine und habe mir darüber auch nie Gedanken gemacht.

Es war eine sehr lehrreiche Zeit für mich. Das Klavier spielen geriet in den Hintergrund, was ich im übrigen später etwas bedauert habe. Aber OK, bald war ich vierzehn Jahre alt und voll im Orchester integriert. Der ältere Trompeter spielte inzwischen das 2. Flügelhorn, und ich hatte unheimlichen Spaß und auch Ehrgeiz, die 1. Trompete zu spielen.

Das Repertoire der Kapelle war ziemlich anspruchsvoll, und ich erinnere mich an Stücke wie den *Florentiner Marsch,* Ouvertüren wie *Maske in Blau, Wilhelm Tell, Dichter und Bauer, Zigeuner Baron* und natürlich alle bekannten Märsche u.v.m.

Ich darf nicht vergessen, einen besonderen Umstand zu erwähnen:

Es war für uns damals ganz normal, dass wir viele Stimmungslieder oder neue Schlager vollkommen ohne Noten spielten. Mein Vater hatte die Gabe, den Musikern zu sagen, wie sie zu spielen hätten. Wir bekamen darin sehr viel Übung, und ich erinnere mich daran, dass es sonst keine Kapelle bei uns gab, die auswendig spielte. Mir selbst hat es auch später immer geholfen insofern, dass es für mich normal war,

Titel die ich zuerst nach Noten oft gespielt habe, dann auswendig zu spielen.

Die Marschmusik, Standkonzerte, Beerdigungen, Messen und Prozessionen waren bei Auftritten, die tagsüber stattfanden, jetzt schon der Normalfall für mich. Nun hatte meine Mutter also dafür zu sorgen, dass zwei Männern ihre Uniformen, Hemden, Hosen, Krawatten und Schuhe jederzeit sauber zur Verfügung standen.

Die Freude an der Musik wuchs mit jedem Monat kontinuierlich an. Die Trompete war inzwischen der Mittelpunkt meines Lebens. Mit vierzehn Jahren spielten mein Vater und ich Trompetenkonzerte mit dem überörtlichen Sinfonieorchester. Es machte unheimlichen Spaß, über den Tellerrand der Blasmusik zu schauen.

Klassische Musik kannte ich bis dahin nur von einigen Langspielplatten meiner Mutter, die besonders gerne das Violinenkonzert von Max Bruch in G-Moll hörte. Oh mein Gott, wie sehr liebte sie dieses Konzert. Der langsame Satz dieses Konzertes gefiel auch mir besonders gut, und meine Mutter sagte mir, ich solle mir eine kleines krankes Kätzchen vorstellen, welches durch mein Streicheln wieder gesund würde.

Ich glaube heute noch, dass hier ein Grundstein für meine Sensibilität und Musikalität gelegt wurde.

Nun zurück zu den eben erwähnten Trompetenkonzerten mit meinem Vater.

In diesem wenn auch relativ kleinen Sinfonieorchester herrschte jedenfalls eine gewisse Ernsthaftigkeit, die mir bis dahin fremd war. In dem Blasorchester meines Vaters ging es dagegen eher lustig zu. Aber genau diese Ernsthaftigkeit sollte sich später noch als eine Erfahrung erweisen, die sehr wertvoll war.

**Klassik-Trompetenkonzert mit Vater
1963**

Ich habe lange überlegt, ob ich darüber berichten soll, dass auch mir in dieser Zeit etwas widerfahren ist, über das erst vor wenigen Jahren immer häufiger im Fernsehen und in der Presse berichtet wurde:

Der sexuelle Missbrauch von Kindern und Jugendlichen durch Vertreter der Kirche.

Ein angehender Priester wollte unbedingt von

mir Trompetenunterricht bekommen, womit ich ja auch kein Problem hatte. Ich fing erst dann an mir Gedanken zu machen, als er von mir Fotos machte und mir dabei ab und zu über die Haare strich oder mir an den Po griff. Anfangs dachte ich, es sei so eine Art freundschaftlicher Klaps. Erst als er mich fragte, ob ich mich in der Unterhose fotografieren lassen würde, brach ich den Unterricht ab und erzählte es meiner Mutter. Sie wollte es gar nicht glauben und gab es an meinen Vater weiter. Als er davon hörte, machte er sich auf den Weg zum Pfarrer und klärte die Situation. Danach habe ich den angehenden Priester nie mehr gesehen und hörte ein paar Jahre später, dass er Suizid beging.

Solche Erinnerungen sind weniger schön, aber scheinbar ist so etwas ja öfter geschehen.

1963 - letzter Schultag

Die Schule verließ ich nun mit meinen vierzehn Jahren nach der achten Klasse, wie damals üblich.

Mein Vater war, was mich betraf, der Meinung, der Junge soll erst mal eine gescheite Lehre machen, bevor überhaupt an ein Studium der Musik zu denken war. Mit anderen Worten, ich solle einen *ordentlichen Beruf* lernen.

Da er Beziehungen ohne Ende hatte als einer der bekanntesten Männer unserer Stadt, wurde ich vorstellig bei der örtlichen Druckerei, die auch gleichzeitig unsere Zeitungen herstellte. Der Geschäftsführer war der 1. Vorstand der Städtischen Kapelle und ein Freund meines Vaters.

Schriftsetzer sollte ich also erst mal werden. Damals hat niemand vermutet, dass dieser Beruf schon bald seinem Ende entgegen ging. Aber nun gut, die Schriftsetzer waren in dieser Zeit überdurchschnittliche Verdiener und somit war klar, ich sollte auch mehr verdienen als ein Friseur, Bürokaufmann oder Automechaniker. Haha, mein monatliches Lehrgeld betrug 40 DM

Nach sechs Monaten allerdings war die Lehrzeit zu Ende. An meinen Fingern hatte sich ein Ekzem gebildet, eine allergische Reaktion auf das Blei, aus denen die zu setzenden Buchstaben bestanden.

Kein Problem für meine Eltern. Ich verließ die

Druckerei, und schon zwei Wochen später wurde ich kaufmännischer Lehrling in dem großen Opel-Haus unserer Stadt.

Der Chef dieses Hauses war natürlich auch ein guter Freund meines Vaters und der Schwiegersohn unseres Tubisten in der Kapelle.

Diese Lehrstelle hatte aber für mich entscheidende Vorteile. Ich liebte Autos genauso wie die Musik. Jeden Abend wurden die neuen Autos in die Halle gefahren. Schon bald war ich jeden Morgen der Erste und fuhr alle Vorführwagen aus der Halle auf den vor dem Büro liegenden Ausstellungsplatz. Kapitän, Admiral und Diplomat waren meine Favoriten.

Alles Achtzylinder und die größten Modelle, die Opel je baute. Aber auch diese Lehrstelle sollte bald der Vergangenheit angehören.

Mein Vater hatte mich angemeldet zum Wettbewerb, den es auch heute noch gibt.

„Jugend musiziert"!

Kurzum, ich gewann diesen Wettbewerb und dadurch die Möglichkeit, Musik studieren zu können. Das Land NRW machte es möglich durch ein Stipendium. Dazu war aber ein Vorspiel am Konservatorium der Stadt Münster notwendig.

Ich weiß es noch wie heute. Mein Vater fuhr mich in die fünfzig Kilometer entfernte Stadt zum besagten Konservatorium. Dort wartete ich in einem Raum auf den Moment meines Vorspiels. Auch wenn es komisch scheint, irgendwelche Vorbereitungen hatten wir nicht getroffen. Wir wussten nämlich beide nicht, wie so etwas abläuft.

Dann wurde ich aufgerufen und in einen größeren Saal geführt. Dort saßen der Direktor und alle weiteren im Konservatorium beschäftigten Professoren und Lehrer. Außerdem war der mir bis dahin nicht bekannte 1.Trompeter des Sinfonieorchester der Städtischen Bühnen Münster anwesend.

Man fragte mich, ob ich Noten dabei hätte, um mich eventuell am Klavier begleiten zu können. Diese Frage konnte ich nur mit nein beantworten, was ziemliches Erstaunen auslöste.

„Ja was wollen Sie denn spielen?", fragte man mich. Ich hätte ja eher damit gerechnet, dass man mir Noten vorlegt, die ich dann spielen solle, um den Stand meiner Fähigkeiten zu überprüfen, dachte ich bei mir.

Mir fiel in diesem Moment nichts anderes ein, als den Titel, den ich oft im Orchester meines Vaters gespielt hatte und sagte: „Dann spiele ich Ihnen *Wunderland bei Nacht* vor!"

Ein Mann stand auf und ging ans Klavier.

„Gut, ich werde sie begleiten. Spielen Sie es in der Originaltonart?", fragte er.

„Ja, in D-Dur! Mit dem Wechsel nach Es-Dur!", antwortete ich.

Für mich war also klar, er spielt den ersten Akkord und ich würde (*weil in Bb*) mit dem

Oktavsprung E2 schleifend zum E3 beginnen. Das klappte auch genauso! Dann kam der Wechsel nach Es-Dur und alles war wunderbar bis zum Schluss.

Als ich absetzte, herrschte einen Moment Schweigen, und dann klatschten die Herren einmütig Applaus.

Später erfuhr ich, dass dieser Pianist nebenbei eine sehr erfolgreiche Tanzband leitete.

Wenn ich heute darüber nachdenke, ist es immer noch einer der besonderen Momente in meinem Leben. Später erzählte mir Alfred Bertram, der eben dieser 1.Trompeter war und dann mein Lehrmeister wurde, so etwas hätten sie im Konservatorium bei einem Vorspiel noch nicht erlebt. Normalerweise spielten die jungen Musiker aus der klassischen Literatur etwas vor. Nun gut, bei mir hat es auch so geklappt, und ich wurde sofort in den Kreis der studierenden jungen Leute aufgenommen. Mein Vater war wohl mächtig stolz und feierte am Abend im Kreise seiner Musiker ausgiebig den Beginn meines Studiums.

Mein Alltag hatte jetzt vollkommen andere Abläufe als zuvor in meinem Leben. Dreimal in der Woche fuhr ich mit dem Zug die fünfzig Kilometer nach Münster. Der Trompetenunterricht, die Gehörbildung, Musikgeschichte, Klavierunterricht und das Lernen eines weiteren Instrumentes bestimmten meine Tage am Konservatorium.

Welches andere Instrument, werden sich manche jetzt fragen. Ich hätte die Möglichkeit gehabt, als Nebeninstrument *(so die Bezeichnung)* Geige, Schlagzeug oder Kontrabass zu wählen. Mein Vater hatte hier wieder den Ausschlag gebenden Rat:

„Nimm den Kontrabass, das ist am leichtesten zu lernen. Sollte mal was mit deinen Zähnen sein, hast du ja dann ein Streichinstrument!", meinte er.

Ein paar Tage später fuhr ich in Münster mit dem Bus an die Peripherie der Stadt. Dort wohnte der Kontrabasslehrer. Das erste, was er mich fragte, war, warum ich denn als Nebeninstrument Kontrabass lerne wolle.

Ich sagte naiv, wie ich war, genau das, was mein Vater mir gesagt hatte.

„Weil der am leichtesten zu erlernen ist von allen Instrumenten!"

Bumm!!! Den Blick hättet ihr sehen sollen!

„Na dann werde ich dir mal etwas vorspielen!", meinte er.

Danach wusste ich, was mich erwartet.

Trotzdem, die Faszination Bass hat mich nie mehr losgelassen. Es ist ein tolles Instrument, egal ob Kontrabass oder E-Bass. Ich liebe es. Einzig die Schlepperei im Zug war am Tag des Unterrichts ganz schön happig.

Ich musste immer auf *meinem* Bass spielen. Mein Lehrer war schließlich der Solo-Bassist und *sein* Kontrabass besonders wertvoll, auf dem *nur er* spielte.

So allmählich gewöhnte ich mich an die Abläufe des Studiums. Es war irgendwie auch ein bisschen ähnlich wie in der Volksschule. Es fiel mir leicht, ich musste mir nicht alles hart erarbeiten.

Unter den jungen Musik studierenden Mädels waren auch ein paar besonders hübsche. Oh Susanne, wie gerne erinnere ich mich an die Stunden auf dem gegenüberliegenden Parkhügel.

Was die Mädchen betraf, war ich ja eher schüchtern. Aber eines Tages ging ich von den Übungsräumen im Keller die Treppe hoch, als Susanne mir entgegenkam und mich einfach küsste. Huch, was war denn das? Ich empfand es als überraschend und schön. Das war denn auch mein erster wirklicher körperliche Kontakt zu einem Mädel.

Auch das hatte sich nun geändert. Die

Sexualität trat nun voll in mein Leben.

Mein Lehrer Alfred Bertram verstand mich zu nehmen und durchschaute sehr schnell, wie man mich motivieren konnte. Oft staunte ich ein wenig über mich selbst, welche schwierigen Dinge ich durch das stetige Üben spielen konnte. Arban-Schule, Haydn-Konzert Es-Dur, Hummel-Konzert oder auch die *Perle de Ozean* wurden zu meinen studierenden Objekten.

Allerdings beklagte er sich des Öfteren, dass mein Ansatz nach bestimmten Wochenenden nicht den klassischen Anforderungen entsprach. Ich spielte nämlich mehr als je zuvor in den Kapellen meines Vaters. Vor allem die Schützenfeste mit der Marschmusik wirkten sich hier negativ aus. Der Ansatz wurde hart und wenig flexibel. Mit der Ausdauer hatte ich keine Probleme, aber Haydn zu spielen war eben eine komplett andere Sache.

Mittlerweile spielte ich während der Schützenfeste auch in der Tanzbesetzung. Das hieß, vom frühen Morgen bis zum Abend Blasmusik, Marschmusik, Standkonzerte, König abholen, König heimbringen und... und... und... Abends waren dann die Bälle, auf denen andere Musiker spielten und nicht die aus der Blasmusikbesetzung. Aber mein Vater als Leiter dieser Besetzung und Ralf spielten abends diese Bälle. Ich dabei entweder Trompete oder je nach Besetzung auch Kontrabass. Die Bälle gingen oft bis drei Uhr früh und nach vier

Stunden Schlaf ging das Schützenfest weiter mit Blasmusik.

Gut, ich war inzwischen sechzehn Jahre alt. Mein Vater aber hatte das gleiche Programm, trank dabei Unmengen von Alkohol und stand morgens in Uniform wieder vor der Kapelle.

Was man eigentlich nicht erzählen sollte ist der Umstand, dass mein Vater manchmal, wenn er zuviel getrunken hatte, nicht mehr Auto fahren konnte. Dann habe ich das Auto nach Hause gefahren, ohne einen Führerschein zu besitzen.

Es war eine andere Zeit. Die Polizei wusste über diesen Umstand Bescheid, aber die haben sich wohl gesagt, lieber der nüchterne Sohn am Steuer als der betrunkene Vater.

Was die Polizei aber nicht wusste - und das war auch gut so -, dass ich schon mit vierzehn Jahren nachts meinem betrunkenen Vater dann und wann die Autoschlüssel unterm Kopfkissen entwendete, mir seinen Hut aufsetzte, um mit einem Sofakissen unterm Arm zu seiner Garage zu gehen, um eine kleine Runde mit seinem Auto zu drehen. Das Sofakissen unterm Hintern machte mich größer, der Hut sollte mich älter wirken lassen falls... Na, ihr wisst schon. Es gab halt für mich nichts Aufregenderes und Schöneres als Auto zu fahren.

In meinem Gedächtnis ist eine Fahrt nach Köln fest verankert, die erst nach über 300 km im Morgengrau endete.

Dass ich am nächsten Tag bei einer Probe

seiner Feuerwehrkapelle in Schöppingen einem Trompeter dieses Geheimnis anvertraute, bereue ich noch heute. Er verriet es nämlich meinem Vater, der sich nun nicht mehr wunderte, warum sein Tank plötzlich über halb leer war.

Als Folge dessen gab es ein paar Tage Hausarrest und Taschengeldentzug.

Weil wir gerade bei der Feuerwehrkapelle Schöppingen sind - einem kleinen Städtchen in der Nähe von meinem Heimatort Ahaus -:

Nach einer Probe fuhren mein Vater und ich die 17 km wieder heim. Der Nebel war in dieser Nacht so stark, dass ich aussteigen musste und vor dem Auto herging, um ihm zu deuten, wo die Straße langging. Wirklich unglaublich. Es gab damals keine Leuchtpfosten oder gar weiße Striche auf der Strasse. Erst am frühen Morgen waren wir wieder zu Hause, stark übernächtigt und mit müden Augen. Etwas in dieser Art habe ich auch nie mehr erlebt.

Kurz noch weiter zurückgeblendet in die fünfziger Jahre. Mit einem 175-DKW-Motorrad fuhr mein Vater damals noch zum Spielen. Von einem Schützenfest in Schöppingen kehrte er aber nicht zurück. Meine Mutter machte sich große Sorgen, telefonierte mit dem Schöppinger Bürgermeister, der ihr versicherte, er wisse sicher, dass Gerd mit seinem Motorrad nach Hause gefahren sei, nicht ganz nüchtern aber fahrtüchtig. Meine Mutter fuhr dann mit einem

Bekannten die Strecke nach Schöppingen ab und entdeckte in einer Kurve eine Spur, die in ein Kornfeld führte. Nach etwas zwanzig Metern fanden sie meinen Vater tief schlafend neben seinem umgestürzten Motorrad.

Oft erzählte mir meine Mutter von ihren Ängsten, die sie erlitt, wenn mein Vater unterwegs war. Es kam auch des Öfteren vor, dass die Feierlichkeiten von manchen Schützenfesten bis morgens um fünf, ja sechs oder sieben Uhr dauerten. Mein Vater hat damals soviel getrunken, dass die Polizeibeamten meinen Vater mit dem Polizeiauto nach Hause brachten. Und? Dort wurde weiter getrunken mit den Polizisten zusammen, die irgendwann Dienstschluss hatten und heimfuhren, genauso blau wie mein Vater. Da bekommt das Wort Blaulicht eine vollkommen andere Bedeutung.

Wieder zurück in die Jahre des Studiums.

Die entstehende Freundschaft zwischen meinem Vater und Alfred Bertram sowie meine Freundschaft mit den Söhnen meines Trompetenlehrers nahm familiäre Züge an. Es kam sogar so weit, dass mein Lehrer jetzt bei einigen Konzerten in der Blaskapelle meines Vaters mitwirkte.

Ich glaube, dass der gegenseitige Respekt ziemlich groß war. Beide kamen in etwa aus der gleichen Zeit und hatten sogar kurzfristig in Münster den gleichen Lehrer gehabt. Mein Vater hat in der Nachkriegszeit noch Unterricht gehabt, genau wie Alfred Bertram. Nun verbrachten die beiden Ehepaare sogar ihre Urlaube zusammen an der Nordsee

Ein Sohn meines Lehrers war Torwart in der Bundesliga, Horst Bertram. Zuerst bei Preußen Münster und dann bei Borussia Dortmund. Das hat damals auch mein Interesse für den Fußballsport erheblich beeinflusst.

Nur nebenbei bemerkt:

Meine Lieblingvereine sind Bayern München und - wen wundert es - Borussia Dortmund.

Zurück zur Musik.

Die Fortschritte während meines Studiums konnten sich laut meinem Lehrer sehen und hören lassen. Er verpflichtete mich, bei einigen Konzerten in Kirchen mitzuwirken. Wir spielten

Corelli oder Philipp-Telemann-Konzerte. Witzig für mich war die Gage: 90,-- DM. Ich musste dabei an meine erste Gage denken, wie schon beschrieben, viele Jahre zuvor.

Mein Vater kontrollierte mich zunehmend und wollte sichergehen, dass ich auch genügend übe. Oft fuhr er von der Stadtverwaltung nach Hause, blieb vor dem Haus stehen und hörte mir zu.

Ich beobachtete dies von meinem Zimmer und entwickelte daraus eine kleine List. Ich war in dem Alter, wo ich gerne ein Buch las statt zu üben. Was machte ich? Wir hatten damals ein Tonband, ich glaube es war ein Uher. Ziemlich gut dieses Gerät für damalige Zeiten.

Ich nahm meine Übungen auf und spielte sie oft zwei Stunden bei größter Lautstärke ab. Selbst meine Mutter fiel darauf herein, ebenso wie mein Vater.

Aber man wird älter und vernünftiger, setzte sich Ziele, für die es sich lohnt zu üben.

Im Konservatorium gab es eben auch solche Musiker, die alles gaben, um ihr Studium zu einem erfolgreichen Ende zu führen. Einer dieser Musiker, der im Keller stundenlang Schlagzeug übte, war Udo Lindenberg. Udo stammt ja aus einer Stadt in der Nachbarschaft von mir, Gronau !

Wir haben uns damals etwas angefreundet, weil er schon komponierte und mich mehrmals in seinen Keller rief, um ein paar von ihm niedergeschriebene Noten zu spielen. Später verloren wir uns aus den Augen, bis auf eine Begegnung etwa zwanzig Jahre später, die nicht sonderlich aufregend war. Jedenfalls erkannte er mich wieder und bat mich in einem Hotel um eine Zigarette. OK, er war schon ein ganz Großer und ich bewunderte Ihn. Seine Schwester spielte dagegen eine größere Rolle in meinem Leben. Dazu später mehr.

Am Konservatorium war ich nun schon der junge Mann, der seinen Lehrern und Professoren die Freude machte, ihre Erwartungen zu erfüllen. Das drückte sich in folgender Situation aus.

Eines Tages kam der Direktor in den Gehörbildungskurs um zu sehen, wie sich die Studenten entwickelten. Er setzte sich ans Klavier und spielte Sekunden, Terzen und Quarten, Moll- und Dur-Tonleitern, verschiedene Umkehrungen, also Dinge, die man als Musiker erkennen sollte. Das klappte eigentlich ganz gut. Als es etwas schwieriger wurde, kam meine Zeit. Ich nannte die entsprechenden Töne und Harmonien und dann spielte der Direktor einen D-Moll Akkord an. Niemand der Studenten konnte auf die Tastatur des Klaviers schauen, und ich sagte ihm es sei D-Moll, der gleiche Akkord wie der Anfangsakkord bei einer bekannten Sarabande aus meinem Klavierheft.

Der Direktor fragte mich:

„Und das haben Sie tatsächlich gehört?"

Alle waren ziemlich erstaunt, und der Gehörbildungskursleiter Dr. Höfer sagte:

„Das ist kein Wunder. Der Herr Willing ist unser bestes Pferd im Stall!"

Ich erzähle dies hier, weil es mich damals so stolz gemacht hat. Unabhängig von meinem Vater bekam ich mal ein solches Lob.

Mein Vater hat mich „NIE" gelobt. Immer nur, wenn ich nicht dabei war, sprach er von seinem Sohn. Deshalb war die Feststellung des Direktors von besonderer Wichtigkeit und die größte Motivation für mich.

Die Freundschaft zwischen meinem Lehrmeister und Vater führte auch dazu, dass Alfred Bertram bei einem Rundfunkkonzert mitwirkte. Der WDR - *Westdeutscher Rundfunk* - übertrug ein Konzert der Städtischen Kapelle Ahaus aus der Stadthalle über seine Sender. Das war natürlich ein Höhepunkt in der Laufbahn dieser Kapelle, und es wurde Wochen, ja Monate vorher viel geprobt.

Um die Qualität und das Repertoire des Orchesters zu überprüfen, kam an einem Sonntag der verantwortliche Redakteur in das Probelokal. Er ließ ein paar Titel anspielen, stellte sich mal in die Ecke, dann wieder in eine andere und nickte zufrieden.

Dann war ich an der Reihe, ein Trompeten-Solo zu spielen, dass Alfred Bertram mit mir einstudiert hatte. *Perle de Ozean.* Natürlich war ich etwas aufgeregt vor solch einem Rundfunkprofi zu spielen.

Er hörte sich das ganze Stück an, ging dann zu meinem Vater und meinte:

„Ihr Sohn hat zwar großes Talent, aber ich denke, so ganz reif ist er noch nicht, so ein schwieriges Solo live während einer Rundfunkübertragung zu spielen!"

Damit wurde das Stück aus der Sendung genommen. Ich konnte es damals noch nicht so richtig einordnen, aber ein paar Wochen später wurde dieses Solostück von mir in einem Konzert in Holland gespielt. Die Kritiken in der Zeitung waren positiv, obwohl ich selbst das Gefühl hatte, so ganz perfekt war es nicht. Mein Lampenfieber ließ die Knie etwas zittern, und ich war im Nachhinein froh, es nicht in der Rundfunksendung gespielt haben zu müssen.

Der nächste zu erwähnende Schritt wurde wieder von meinem Trompetenlehrer eingeleitet.

Die Städtischen Bühnen Münster führten in

der Saison 1966/67 das Musical *My fair Lady* auf. Des weiteren stand *Nabucco, Cosi fan tutte* und ein paar Konzerte im Hinblick auf moderne neuzeitliche Musik auf dem Programm.

Es wurde ein weiterer Trompeter für diese Saison engagiert. Mit Verwunderung nahm ich zur Kenntnis, dass ich dieser Trompeter sein würde. Voller Neugier und Interesse standen die ersten Proben an. Nun lernte ich das Leben eines Orchestermusikers kennen und was empfand ich als erstes? In so einem Sinfonieorchester gibt es Grabenkämpfe.

Der Orchestervorstand hatte zwar meinem Engagement zugestimmt, aber die Blicke mancher Kollegen ließen erahnen, dass da auch so etwas wie Neid im Spiel war. Die Trompeten- und Posaunenkollegen hielten zusammen. Bei den Posaunen wurde ebenfalls der Sohn des 1.Posaunisten für diese Saison engagiert. Bei anderen Kollegen wie den Hörnern und Streichern sah dies etwas anders aus.

Aber mein Lehrer schützte mich und ich stellte fest, dass man großen Respekt vor ihm hatte.

Das erste Sinfoniekonzert für mich mit einem großen Orchester stand nun an. Leider kann ich mich nicht mehr an den Komponisten erinnern. Ich weiß nur noch, dass es ein tschechischer Komponist war. Es war neuzeitliche Musik, die für mich etwas komisch klang. Den Trompeten wurden große Freiheiten gelassen.

Teilweise gab es keine Noten sondern Hinweise wie *Blitz, Chaos* und ähnliches. Nach ein paar Anleitungen meines Lehrers gab es keine Probleme und das Konzert verlief ohne weitere Komplikationen.

Es folgten die Proben und Aufführungen von *Nabucco* und *Cosi fan tutte.* In einem Orchestergraben zu sitzen war auch eine neue Erfahrung. Anonym und dunkel war es dort, aber jeder Ton wichtig und für das Publikum natürlich hörbar.

Was mich als jungen Musiker aber verwunderte war die Dienstauffassung. Da stand bei *Nabucco* in den Noten plötzlich mit Bleistift geschrieben *"20 Minuten Pause",* obwohl das Orchester weiter spielte. Die Blechbläser verließen fast schleichend den Orchestergraben und gingen in ihre Garderoben, um Skat zu spielen. Nach achtzehn Minuten sagte dann einer:

„Auf Kollegen, die Zeit ist um!", und wir schlichen wieder zurück an unseren Platz. Das war für mich das erste Mal, dass ich daran dachte, mein Musikerleben nicht so auf diese Art verbringen zu wollen.

Ganz anders stellte sich die Situation bei dem Musical *My Fair Lady* dar. Dies war musikalisch schon eher meine Welt. Die Proben machten sehr viel Spaß und... vor allem durfte ich die 1. Trompete spielen, weil mein Lehrer sich für viele Proben frei nahm um andere Aufgaben zu erfüllen. Der Dirigent - es war ein Holländer - war von meiner etwas moderneren Auffassung sehr angetan und so blieb es dabei. Zum ersten Mal führte ich den kompletten Blechsatz an und, gelinde gesagt, ich war total begeistert und fühlte mich wie im siebten Musikerhimmel.

Aber es sollte noch anders kommen.

Für die öffentlichen Generalprobe wurden etwa 600 Kinder aus den Schulen eingeladen. Es war ungewöhnlich laut auf den Zuschauerrängen, erinnere ich mich. Die Generalprobe verlief einwandfrei, Orchester und Sänger, Chor und Schauspieler machten routiniert und gekonnt ihren Job. Nur ich nicht! Es kam eine Stelle, an der die 1. Trompete eine Art Schnätteretäng spielen musste. Vom Bb 1 bis zum Bb 2 kurz und gestochen scharf gestoßen. Prima! Doch der letzte Ton, dass Bb 2 kickste!!!

Den Blick des kleinen holländischen Dirigenten vergesse ich nie. Manche Geigenkollegen drehten sich zu mir um. Am liebsten wäre ich in den Keller unter dem Orchestergraben gesunken. Aber ich musste natürlich weiterspielen, was auch dank meiner nur erhöhten Konzentration ohne weiteren Kickser klappte.

Der nächste Tag sollte wiederum etwas ändern. Die Nacht hatte ich in der Wohnung bei meinem Lehrer verbracht. Nach dem Frühstück erhielt er einen Anruf, und er erzählte mir, dass er heute bei der Premiere wieder die 1. Trom-

pete spielen müsse, weil der Dirigent ihn ange-
rufen hatte und meinte, es gehe nicht, dass ich
so einen Kickser bei einer Solostelle fabri-
zierte. Okay, dann war es halt so, und ich
spielte bei der Premiere nun die 3. Trompete.
Dann kam diese Stelle, die ich verkickst hatte.

Mein Lehrer setzte an, spielte - und den letzten Ton, dass Bb 2, verkickste er so laut, dass
ich mich erschreckte.

Die meisten Kollegen drehten sich um, und
mein Lehrer hob seine Trompete in die Höhe
und sagte für jeden hörbar:

„Das kann doch jedem mal passieren!"

Bumms! Das saß!!

Ich finde es noch heute eine unglaubliche
Demonstration von ihm, mir den Rücken zu
stärken und gleichzeitig jedem klar zu machen,
wir sind alle nur Menschen, die auch mal
Fehler machen.

Resümee:

Vierzig weitere Aufführungen wurden nun
wieder von mir gespielt. Ich hatte zwar anfangs
etwas Angst vor dieser einen Stelle, aber mit
der Zeit wurde ich sicher und spielte alle
weiteren Aufführungen fehlerfrei.

Unterdessen feierte ich meinen 18. Geburtstag. Den Führerschein hatte ich schon drei
Monate zuvor bestanden. Er wurde mir an
meinem 18. Geburtstag per Einschreiben
zugestellt, nachdem ich schon zwei Stunden
vorher am Fenster saß und auf die Post ge-

wartet hatte. Vor lauter Freude gab ich dem Briefträger zwei Mark Trinkgeld.

Nun konnte ich öfter mit dem Auto meines Vaters nach Münster fahren. Aber auch hier gab es wieder eine Situation, die ich nie vergessen werde.

An einem herrlichen sonnigen Frühlingstag fuhr ich etwas früher nach Münster um mich mit ein paar Freunden zu treffen. Wir verabredeten uns in der Nähe der Städtischen Bühnen auf einem großen freien Platz, der nach dem Abriss eines alten Gebäudes für ein neues Bauvorhaben geplant worden war. Er war sandig und etwas uneben, aber genau richtig um mit jugendlichem Elan ein paar Drifts hinzulegen, was mit viel Staubaufwirbelungen einherging. Meinem Eindruck nach ein imposantes Schau-spiel für meine Freunde.

Das Auto meines Vaters war ein Opel Rekord de Luxe mit vier Türen, zweifarbig und Liege-sitzen. Es gab ein riesen Radio, das man unter dem Armaturenbrett aus der Halterung nehmen und somit auch außerhalb vom Auto Musik hören konnte.

Nach ca. einer Stunde verließ ich den Platz, setzte kurz zurück und ab auf die Hauptstraße. Plötzlich sah ich, dass die Autos hinter mir alle Lichthupe gaben und ein seitlich neben mir auftauchender Autofahrer deutete aufgeregt mit der Hand nach unten auf mein Auto. Bei nächster Gelegenheit hielt ich an und sah sofort, dass aus dem Tank unterhalb vom

Kofferraum Benzin auslief. Hinter dem Auto war sichtbar die Spur zu sehen, die das Benzin auf der Straße hinterlassen hatte.

Was jetzt?

Wie gut, dass ich mal bei Opel gelernt hatte. Die Hauptfiliale des Autohauses Kiffe, bei der ich in meiner Heimatstadt Ahaus mal gelernt hatte, war nicht weit entfernt. Ich fuhr sofort unter Missachtung aller Vorschriften zu dem Autohaus. Die hatten gerade Feierabend gemacht, nur der Lagerist war noch damit beschäftigt, Ersatzteillieferungen einzuräumen. Ich kannte diesen Mann noch aus meiner Zeit bei Kiffe und er half sofort. Er schob eine Wanne unter den Tank und versicherte mir, dass der Wagen morgen in der Früh sofort repariert würde. Ich könne ihn gegen Mittag wieder abholen. Er fuhr mich sogar noch zu den städtischen Bühnen, sodass meiner Mitwirkung wie üblich nichts im Wege stand.

Meinen Vater informierte ich über ein Telefon in der Garderobe und erzählte ihm in Kurzfassung von meinem Missgeschick. Gott sei Dank konnte ich wieder bei meinem Lehrer übernachten und holte am nächsten Tag kurz vor Mittag das Auto ab. Der Meister erzählte mir, dass ich wahrscheinlich beim rückwärts fahren in einen spitzen Gegenstand auf dem Bauplatz gefahren sei. Das Loch sei im Durchmesser einen knappen Zentimeter groß gewesen und... Weit wäre ich nicht mehr gekommen, der Tank war fast leer.

Die Rechnung wurde an meinen Vater geschickt, und somit konnte ich wieder nach Hause fahren.

Es war allerdings für lange Zeit das letzte mal, dass ich den Wagen meines Vaters bekam. Er besorgte mir für ein paar Monate eine Studentenbude in Münster, was für mich ein neues Lebensgefühl mit sich brachte. Durch die Bezahlung der städtischen Bühnen hatte ich auch keine Geldprobleme, zumal ich zwischenzeitlich auch immer wieder mit dem Zug nach Hause fuhr. um mit meinem Vater zu spielen.

Wenn ich über manche Wochenenden nicht nach Hause fahren konnte, weil *My Fair Lady* gespielt werden musste, besuchte mich meine Jugendliebe in meiner Bude. Sie kam mit dem Bus und brachte immer ein sehr leckeres Essen mit.

Die ganze Situation ließ mich von einem Monat auf den anderen zum Erwachsenen werden - - - dachte ich!

Wie leider oft in einem solchen Alter üblich, litt auch ich an Selbstüberschätzung. Ich dachte, mir gehört die Welt.

Die Jugendlichen der damaligen Zeit veränderten drastisch ihre Ansichten, man denke mal an die berühmte 68iger Generation. Obrigkeitsdenken war verpönt, sexuelle Freiheit angesagt. Auch die nun überall erhältliche Pille für junge Frauen setzte sich mehr und mehr durch.

Bunt gemischt

mit 3 im Stadtpark Ahaus

mit 5 auf der NSU Quickly

1957 - Papa Willing bei seiner Engelshow

1967 - Musterung (bedingt tauglich - farbenblind)

3.

Der kleine Ralf wird langsam erwachsen

Nachdem die Saison in Münster zu Ende ging und damit auch mein offizielles Engagement bei den städtischen Bühnen, tat sich eine vollkommen neue Situation auf. Ich zerstritt mich mit meinen Eltern, wollte nicht mehr zu Hause wohnen und einfach selbständig sein.

In meiner Geburtstadt Vreden gab es eine Beatband *The Outlaws.* Der Keyboarder und Sänger Richard war dort der Leader. Ich kannte ihn durch einige Auftritte, die ich verfolgt hatte, und er hatte schon ein paar Monate vorher mit mir darüber gesprochen, dass ich doch als Trompeter in der Band mitwirken könnte.

Trompete in einer Beatband? Meines Wissens gab es so etwas überhaupt nicht. Die normale Besetzung war Solo-Gitarre, Rhythmus-Gitarre, E-Bass und Schlagzeug, ab und zu wie in dieser Band auch eine Orgel. Den Begriff Keyboard gab es damals bei uns so noch nicht. Meistens war es eine Farfisa-Orgel. So auch hier.

"Na gut", dachte ich, "*die Beatles, Rolling Stones, Herman Hermits, The Kings, The Lords...* das ist zeitgemäß und schließlich die Musik der Jugend." Also stieg ich in die Band ein.

Richard und ich fanden auch genügend Titel und Eigenkompositionen, in denen ich meine Trompete einsetzen konnte. Und da gab es ja auch diesen einen Titel mit einer klassischen Trompete bei den Beatles, *Penny Lane*! Er war brandneu und niemand außer uns konnte in unserer Gegend *Penny Lane* spielen.

Wir hatten als Proberaum einen umgebauten Hühnerstall außerhalb der Stadt nahe an dem kleinen Flüsschen *Berkel* in Vreden. Hauptproblem war aber, ich hatte keine Wohnung oder ein Zimmer. Was nun ?

Die Lösung war einfach:

Ich schlief in dem Hühnerstall. Meine Freundin brachte mir eine Matratze und Decken und so arrangierte ich mich mit der Situation.

Es wäre in der Zeit niemals möglich gewesen, bei meiner Freundin zu schlafen oder gar zu wohnen. Der Anstand musste gewahrt werden.

Der Schlagzeuger der Band war ziemlich wohlhabend und Besitzer mehrerer Kinos. Peter fuhr für damalige Verhältnisse ein super schnelles Auto, einen *Alfa Romeo Spider* in rot. Oft kam er in den Hühnerstall, um mich mit Essen zu versorgen.

An den Wochenenden war ich immer gut versorgt. Wir spielten ja meistens oder er lud mich in sein Kino ein. Am Samstag fanden dort Discoabende statt. Peter war wirklich sehr geschäftstüchtig.

Er legte selbst die Platten auf. Die Disco war

fast immer gut besucht. An manchen Abenden spielten wir auch selbst.

Er engagierte auch die bekannten *Rattles* oder *The Lords* mit ihrem Hit *Poor Boy*. An solchen Abend hätte er die Disco dreimal füllen können.

So vergingen ein paar Wochen. Unsere Band fand immer mehr Freunde oder Fans, wie man heute sagt, und wir spielten sogar inzwischen auf Festivals. In Holland waren wir die Vorband von John Miles. Auch ein unvergesslicher Abend. Wir gewannen mehrere Preise auf Festivals, was schließlich dazu führte, dass wir nach Düsseldorf in ein Tonstudio fuhren, um eine Single aufzunehmen. Die Fans wollten unsere Musik kaufen.

Das war allerdings ein Flop. Richard komponierte eigens dafür einen Titel *You set my Soul* (*hab ich noch bei mir rumliegen*), der zwar musikalisch sehr schön war, aber leider nicht ganz den Geschmack unserer Fans traf.

Dann kam der Winter, die Nächte waren kalt und feucht. Im Hühnerstall war es ohne Heizung nicht mehr auszuhalten. Peter, der Schlagzeuger, ließ mich dann für eine Nacht in einem Rohbau seines neuen Hauses schlafen. In dem war die Heizung voll aufgedreht, damit sich die Feuchtigkeit vor dem Winter aus den Mauern verflüchtigte.

Der Morgen nach dieser Nacht in seinem

Rohbau ließ mich erschrecken.

In seiner Wohnung ging ich zum Frühstück und schaute im Flur in einen Spiegel. Das war doch nicht ich, der sich da anschaute. Ich sah aus wie ein alter Mann, aber richtig alt!!!! Die trockene Luft mit der enormen Wärme hatte mich total ausgetrocknet. Erst einige Stunden später hatte sich mein Körper durch viel Leitungswasser trinken wieder normalisiert. Gott sei Dank, denn an diesem Tag suchte meine Mutter nach mir und fand mich schließlich auch.

Sie überredete mich, wieder heimzukommen. So könne es doch nicht weitergehen. Sie mache sich große Sorgen um meine Zukunft. Ich hätte mein Studium ja quasi unterbrochen, spielte auch nicht mehr in Münster, weder mit meinem Lehrer noch mit meinem Vater. Wie würde ich mir denn vorstellen zu leben?

Ja, und da hatte sie vollkommen recht. Ich erkannte es, mein Leben war aus den Fugen geraten.

Meine Freundin hatte mich auf Druck ihrer Eltern auch verlassen.

„Mit so einem kannst du dich doch nicht sehen lassen! Der lebt in einem Hühnerstall, hat kein Geld, keine Wohnung, hat sein Studium aufgegeben. Das geht nicht!"

Ja, sie hatten recht. Ich war nicht mehr ich selbst.

Da wir nun mit der Band auch keine Auftritte mehr hatten, entschloss ich mich, wieder nach

Hause zurückzukehren. Meine Eltern haben wohl ein Kreuz gemacht, dass ich wieder zu Hause war.

Der Winter war nun ausgefüllt mit meinem wieder aufgenommen Studium und sehr vielen Auftritten mit meinem Vater. Ich verdiente richtig gutes Geld bei einigen Sechs-Tage-Rennen und vielen Terminen mit den verschiedenen Besetzungen meines Vaters.

Er riet mir dann, ich solle mein Studium abschließen und als Trompeter beim Luftwaffenmusikkorps Münster anfangen. Die würden mich gerne verpflichten.

Da ich bei der Musterung nur bedingt tauglich war *(farbenblind)*, würde die Bundeswehr mich nach einer Ausbildung als Sanitäter anschließend in das Luftwaffenmusikkorps übernehmen.

Die Entscheidung meinerseits fiel gegen den Rat meines Vaters aus. Meine ganze Jugend verbrachte ich in der Uniform der Städtischen Kapelle Ahaus und der Feuerwehrkapelle Schöppingen. Nach den turbulenten Monaten bei den *Outlaws* ohne Zwang wollte ich keine Uniform mehr sehen.

Erst vor wenigen Jahren habe ich darüber spekuliert, was aus mir geworden wäre, hätte ich diesen Schritt damals gemacht. Aus heutiger Sicht war es vielleicht ein Fehler, aber was hätte ich dann alles nicht erlebt? Darüber zu spekulieren, was wäre wenn, macht keinen Sinn !

das erste Auto

So aber spielte ich mit meinem Vater weiter. Meine Oma – Gott hab sie selig – schenkte mir dann 950,-- DM, um mir ein gebrauchtes Auto zu kaufen. Meine Mutter klapperte alle umliegenden Autohäuser ab bis wir genau für diesen Betrag einen VW Käfer Cabriolet fanden.

Ich war stolz wie Oskar mit dem Teil, fuhr damit nach Hamburg, um meinen drei Jahre älteren Bruder im Hafen abzuholen. Er war mit achtzehn heimlich von zu Hause ausgerissen und fuhr zur See. Ich habe ihn damals für seinen Mut bewundert, was meiner Mutter und meiner Oma weniger gefallen hat.

Damals lief bei uns ständig auf dem Plattenspieler *Freddy* mit seinem berühmten Song, *Junge komm bald wieder!* Das war genau die Zeit, und die Tränen der beiden Frauen kann man sich gut vorstellen.

Was für mich immer mehr zum Problem wurde war der Alkoholismus meines Vaters. Jetzt, wo ich jeden Job mit ihm spielte, hatte er einen Fahrer. Oftmals war es schwer, ihn ins Auto zu bringen nach den Auftritten. Ich durfte vorher jeweils sein Schlagzeug und die Gesangsanlage abbauen und ins Auto verfrachten. Während ich damit beschäftigt war ließ er sich richtig volllaufen. Immer mehr bekam ich Ekel vor dieser Situation. Es führte sogar soweit, dass ich vor lauter Groll meinen Vater mal aus dem Auto schmiss, weil er mir ständig ins Lenkrad fiel und einfach unerträglich war.

Meiner Mutter sagte ich dann, wo er zu finden sei und sie fuhr los und holte ihn nach Hause.

Diese Zustände, dieser übermäßige Genuss von Alkohol führte dazu, dass ich bis heute Alkohol meide. Einmal im Jahr zu Silvester ein Gläschen Sekt, und einmal im Jahr, wenn es richtig heiß ist und am Nachbartisch ein Pils steht, an dem der Schaum runterläuft, trinke ich auch mal ein Pils.

Also, seit fünfzig Jahren trinke ich im Jahr nicht mehr als zwei Gläser mit Alkohol. Und?... Ich habe es nie vermisst.

Manchmal denke ich, hätte ich mit meinem Vater zusammen auch viel Alkohol getrunken, wir wären wahrscheinlich die dicksten Freunde, meine Mutter hätte sich scheiden lassen und wir hätten beide den Führerschein schnell verloren.

Jedenfalls wurde die ganze Situation in der Familie und bei den Jobs durch Alkohol für mich nicht mehr aushaltbar. Jeder Schnaps, jeder Cognac, jedes Pils, das mein Vater trank, vermehrte meine Abneigung. Ich musste da raus.

Meine Schwester entging dieser Situation durch eine Heirat mit dem Sohn eines Klarinettisten aus dem Orchester meines Vaters.

erstes Engagement - Kapelle Schmidt

Durch Richard von den *Outlaws* kannte ich einen Organisten, der mit der Schwester von Udo Lindenberg zusammen lebte. Lou nannten wir ihn und die beiden wohnten in Düsseldorf.

Lou gab mir den Rat, beim Künstlerdienst Düsseldorf vorbeizuschauen, um als Trompeter einen Job zu kriegen.

Er bot mir an, „du kannst bei uns in der Wohnung bleiben und wohnen solange du willst." Ja, und so kam es, dass ich plötzlich in Düsseldorf wohnte.

Mit Lou, einem unglaublich begabten Organisten ,konnte ich in Düsseldorf und Umgebung einige Jobs spielen, sodass ich nicht ganz ohne finanzielle Mittel dastand.

Dann machte ich einen Termin beim Künstlerdienst aus. Dort nahm man meine Personalien auf, stellte meine Qualifikation fest und sagte mir, sie würden sich bei mir melden. Meine Zukunft als Orchestermusiker hatte ich nun endgültig als erledigt angesehen. Mein Musikstudium, das kurz vor seinem Abschluss stand, nahm ich nicht mehr auf.

Nach sechs Wochen kam dann der Anruf, der mein Leben wiederum entscheidend beeinflussen würde.

Der Bandleader eines Profiquintetts suchte händeringend nach einem Trompeter. Wir trafen uns kurz darauf in einem Düsseldorfer Lokal. Er überreichte mir ein paar Tonbänder und Noten und bat mich, das Repertoire so schnell wie möglich einzustudieren. Das machte ich auch, und vierzehn Tage später fuhr ich nach Kiel, denn dort fand sein nächstes Monatsengagement statt. Nun war ich also der

Trompeter im *Charly Habel Quintett*

Das Tanzhaus *Las Vegas* in dem wir spielen mussten, machte nicht den besten Eindruck auf mich. Mehrmals am Abend fand zwischen den Tanzrunden auf der Bühne eine Stripteasevorführung statt, die wir meistens mit einem Blues begleiteten.

Eine der Striptease Tänzerinnen namens *Rosi* machte ein Show, in der sie suggerierte, eine Flaschenpost erhalten zu haben. Sie öffnete die Flasche, öffnete den Brief und während sie ihn las, begann sie an sich rumzufummeln.

Das Publikum bestand in der Regel hauptsächlich aus Männern und den Animierdamen. Einen Monat lang sah ich jetzt täglich das gleiche Programm und war nicht besonders glücklich über diesen Job.

Ich war froh, als der letzte Tag des Monats

gekommen war. An diesem Tag erlaubten wir uns von der Band aber einen Riesenspaß. Wir wussten, wo Rosi ihre Utensilien aufbewahrte und tauschten den Brief der Flaschenpost gegen einen von uns geschriebenen Brief aus. Gespannt warteten wir, bis sie den Brief aus der Flasche holte und ihn dann las. Wir hatten darin folgenden Text geschrieben:

„Rosi, jetzt steck dir die Flasche mal dahin, wo alle Männer gerne bei dir sein würden!"

Sie schaute sich kurz zu uns um, lächelte und ließ tatsächlich den Hals der Flasche in ihrem Unterleib verschwinden.

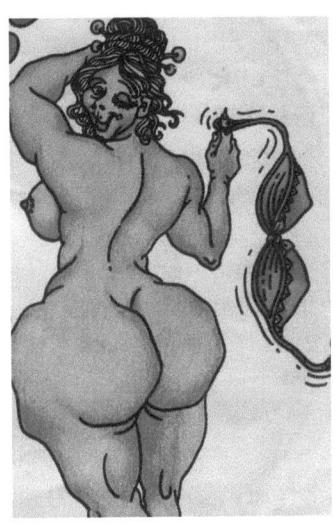

Oh mein Gott, wenn ich heute darüber nach-denke...!

Danach ging es dann gottlob in eine andere

Stadt mit einem seriösen Ambiente.

Zu dieser Zeit - 1969 – gab es unglaublich viele Clubs und Tanzhäuser, in denen jeden Monat eine andere Band spielte. Jochen Brauer, Ambros Seelos, Hazy Osterwald, Conny-Wagner-Sextett waren ein paar dieser bekannten Top-Bands aus dieser Zeit.

So ging die Reise weiter, jeden Monat in ein anderes Haus. Bern, Seefeld, Bielefeld, Stuttgart Göppingen, Hannover, Wuppertal und Karlsruhe waren die Stationen.

In Göppingen, *Cafe Pflugfelder*, begleiteten wir sogar mal Lale Andersen. Lale war ein Nachkriegstar die als Schauspielerin und Sängerin bekannt wurde. Jeder kannte ihr Lied *Lilli Marlen,* das in ihrer Fassung berühmt wurde. Drei Jahre nach ihrem Auftritt mit uns starb sie 1972. (*aber nicht wegen unserer Begleitung*)

Neu für mich als Trompeter war die Tatsache, dass ich auch Ventil-Posaune spielen musste. Ein Problem hatte ich damit nicht, da ich in früheren Zeiten bei meinem Vater ab und zu sogar Tuba blies.

Viel Spaß fand ich nun auch daran, singen zu können. Ich erinnere mich an *Zucker im Cafe, Pour en Flirt* oder *Hey hey Amigo Charly!* Satzgesang und Backgroundchor kam ebenfalls dazu.

Das trompeterische war für mich kein Problem. Einige Titel im Bert-Kaempfert-Sound wie zum Beispiel *Red Roses for a Blue Lady, Love,* oder *Bye bye Blues* spielte ich mit großer Freude, da die Improvisation notiert war.

Ventil-Posaune

Eine besonders enge Freundschaft entstand mit dem Schlagzeuger der Band Günther. Sein Guru war Buddy Rich, dessen Aufnahmen er sich ständig anhörte. Er übte in seinem Zimmer sicher drei bis vier Stunden am Tag auf einer Gummiplatte. Bald stellte er fest, dass meine Kenntnisse, was Big Bands aus Amerika betraf, nicht gerade exzellent waren. So saßen wir oft zusammen, hörten auf seinem Plattenspieler all diese fantastischen Bands wie Count Basie, Stan Kanton, Duke Ellington und vor allem Frank Sinatra.

Ab diesem Zeitraum begann ich erst langsam in die Welt von Swing und Big Band Musik einzudringen. Zu meinem Geburtstag schenkte er mir ein LP von Chat Baker. Ich habe sie heute noch. Günther sollte in meinem späteren Leben noch eine sehr wichtige Rolle spielen. Aber dazu später mehr.

Diese Art, sein Geld zu verdienen, war nicht die schlechteste. Die Gagen lagen damals Ende der 60iger Jahre für einen Monat bei immerhin 1600,-- bis 2000,-- DM. Davon konnte ein *Normalverdiener* nur träumen.

Was ich als ungewöhnlich empfand war, dass in den meisten Tanzlokalen vor allem am Monatsbeginn einige junge Damen auf die neue Band warteten, um sich den einen oder anderen Musiker für diese Zeit zu angeln.

So erinnere ich mich gerne besonders an Stuttgart, wo eine zauberhafte, wirklich gut aussehende junge Frau mich auserkoren hatte. Ihre Wohnung war mein Zuhause für diesen Monat, und wir lebten wie ein Ehepaar zusammen. Eine interessante Zeit allemal, vor allem deshalb, weil sie mich Dinge lehrte, von denen ich als Mann noch nicht so viel verstand. Aber in meinem weiteren Leben profitierte ich sehr durch diese Erfahrung. Wer nach mir in diese Wohnung zog, ist mir nicht bekannt.

Im Sommer 1970 waren wir dann mehrere Monate in der Strandhalle in Norderney zu Gast.

Eigentlich war der Job mehr ein Urlaub. Wir wohnten direkt über der Halle im ausgebauten Dach. Die Spielzeiten an den Werktagen waren nur Abends, während an den Wochenenden auch ein Tanztee zu absolvieren war.

Auch hier waren in der Hochsaison Stargäste zu begleiten wie zum Beispiel Rene Carol mit seinem berühmten Hit *Capri Fischer*!

Der Montag war jeweils der freie Tag an dem man Ausflüge machen konnte oder eine Schifffahrt nach Helgoland.

Im Juli dieses Jahres 1970 lernte ich in Norderney meine erste Frau kennen. Sie arbeitete dort in einem gastronomischen Betrieb, und wir verliebten uns unsterblich. Worauf wir im Dezember des gleichen Jahres in meiner Heimatstadt heirateten.

Das Quintett hatte ich bald verlassen und mich einer anderen Formation angeschlossen. Sie spielten hauptsächlich mehr Galaveranstaltungen, besonders in der Schweiz und in Österreich. Das musikalische Vermögen dieser Band aber war begrenzt, und schon bald fand ich mich durch eine Anzeige im damals noch monatlich erscheinenden Heft *Artist* bei dem Orchester Teddy Stauber aus Essen wieder.

Teddy war ein altgedienter, sehr guter Posaunist, dessen Repertoire viel mehr meinen Vorlieben entsprach. Hier wurden nicht nur

Tagesschlager und Evergreens gespielt, sondern viel Swing, Latin und Dixieland. Natürlich kam auch das typische Kurkonzertrepertoire wie Walzer und Märsche nicht zu kurz.

Orchester Teddy Stauber

Meine solistischen Fähigkeiten konnte ich hier weiterentwickeln. Auch das Improvisieren nahm langsam anhörbare Formen an.

Die Band spielte vor allem sogenannte Salonorchester-Arrangements für sieben Leute, in diesem Fall mit vier Bläsern.

Der Sommer 1971 führte uns als Kurorchester in das neu entstandene Zentrum des Kurort Heiligenhafen an der Ostsee. Meine Frau und ich wohnten im 14. Stock eines riesigen Komplexes. Vom Balkon konnte ich direkt auf die runde Kuppel der im freien liegenden Bühne schauen. Hier spielten wir jeden Nachmittag unser Kurkonzert.

Als besondere Einlage spielte ich dort entweder den *Alten Dessauer* oder *die Post im Walde*. Aber nicht, wie man sich denken könnte, von der Bühne aus, nein... Ich fuhr in den 14 Stock und spielte vom Balkon meiner Wohnung, wobei die Begleitung schon relativ schwer zu hören war.

Bei der *Post im Walde* musste sich das Orchester nach mir richten, denn wenn ich spielte, hörte ich sie nicht mehr. Das klappte aber trotzdem ganz gut und die Kurgäste bedankte sich immer mit viel Applaus.

Es war ein herrlicher Sommer in meiner Erinnerung. Man war immer noch sehr jung, konnte sich schon etwas leisten und hatte viel Spaß am Leben. Ich war einundzwanzig Jahre alt und fuhr meine erste S-Klasse von Mercedes. Ich denke, viele Leute glaubten, das ist wohl das Auto vom Papa!

4.

Orchester Teddy Staubers Highlight 1971.

Im Herbst desselben Jahres absolvierte ich dann meine erste Tournee als Musiker. Sie nannte sich die *Rätsel Tournee* und wurde von dem damals sehr bekannten Entertainer Lou van Burg moderiert.

Die musikalischen Stargäste waren, Tony Marshall, Cindy und Bert, Costa Cordalis und Ramona. Ramona übrigens war Jahre später Sängerin bei *Silver Convention* mit ihrem Hit, *Fly Robin fly*!

**Rätsel Tournee u.a. Tony Marshall
u. Ramona - später Silver Convention**

Es ging durch alle großen Städte von Süd bis Nord. Mit wenigen Ausnahmen spielten wir täglich in den großen Hallen der Republik.

Manche Reisetage waren ganz schön anstrengend, aber wenn man so jung ist, kann man diese Strapazen gut aushalten.

Teddy Stauber und ich fuhren zusammen mit einem Ford Transit samt angehängten Wohnwagen die gesamte Tournee. Er auf dem Beifahrersitz, ich am Steuer. Das war wieder genau mein Ding. Kilometer um Kilometer reisten wir von einem Tourneeort zum nächsten. Die anderen Musiker fuhren zusammen in einem PKW. Tournee Busse wurden damals noch nicht gestellt.

Das Begleiten der Musikstars war unproblematisch. An vielen Abenden saßen wir mit allen Stars zusammen und feierten nach der Show. Für Teddy und mich war es sehr angenehm, den Wohnwagen in der Regel neben der Halle stehen zu haben.

Auf einer solch langen Tournee wird man zu einer eingeschweißten Truppe. Einzig Lou van Burg verschwand nach jedem Auftritt in sein Hotel. Wir wussten erst später, welcher Grund dahinter steckte. Er hatte eine Aufsehen erregende Affäre, wegen der er vom ZDF aus allen Shows wie zum Beispiel *Der goldene Schuss* geschmissen wurde.

Niemals werde ich vergessen, dass wir Lou van Burg in Stadthagen einen Streich der Sonderklasse spielten. Nach dem Auftritt versammelte sich das Tournee-Team in dem Hotel für diese Nacht. Warum auch immer, wir wussten, dass Lou immer ca. eine Stunde später ins Hotel kam, aber ohne sich mit uns zusammenzusetzen. Die besondere Situation des Hotels ließ uns auf eine Idee kommen.

Lou van Burg hatte ein Zimmer im obersten Dachgeschoss. Dort wurden mehrere Zimmer ausgebaut, die Bausteine und anderes Material lagen dort auf dem Gang, nur sein Zimmer war fertig.

Costa Cordalis, Tony Marshall und meine Wenigkeit gingen hinauf in sein Zimmer, nahmen aus dem Bett alles heraus, inklusive Matratzen und Lattenrost, um dann alles mit Steinen auszufüllen. Darüber kam dann das Bettlaken, Kopfkissen und Oberbett.

Es dauerte auch nicht mehr lange, bis Lou van Burg durch den Hintereingang des Hotels kam und die Treppe nach oben ging. Er war nicht alleine!

Jetzt schlich fast das gesamte Team nach oben und wartete auf dem Gang, was passieren würde.

Dann war ein lauter Schrei zu hören! Es war passiert, was geplant war. Laut fluchend ging die Tür auf, und er sah das gesamte Team lachend und feixend auf dem Gang.

„Ihr ….........!", meinte er, lachte nur mäßig und war eher nicht groß angetan von diesem Spaß. Im weiteren Verlauf der Tournee hat er uns aber verziehen

5.

Tony Marshall

Eine besondere Beziehung entwickelte sich zwischen Tony Marshall, seinem Manager Herbert Nold und mir. Herbert war noch Kriminalbeamter in Baden Baden und konnte nicht an allen Veranstaltungen teilnehmen, ließ sich aber dann und wann blicken.

Ziemlich am Ende der Tournee kamen die beiden zu mir und sprachen über ein zu bildendes Begleitorchester für Tony Marshall. Seine *Schöne Maid* ging durch die Decke, seine Bekanntheit stieg täglich an. Somit auch die Nachfrage für Auftritte.

die Tony-Marshall-Band

Man wollte einfach eine eigene Band haben,

die Tony perfekt begleitete. Die Leitung dieser Band sei dann meine Sache und die Bezahlung sehr gut.

Ja, und so geschah es, dass ich Teddy Stauber verlassen musste und ab Januar 1972 Bandleader des Tony-Marshall-Orchesters wurde.

Meine Frau und ich zogen in eine Einliegerwohnung im Haus des Managers, das unweit von Baden Baden in Kuppenheim stand, ein kleines, aber friedliches Örtchen.

Wir mussten uns komplett neu einrichten, denn es war unsere erste gemeinsame eigene Wohnung. Auch hier lief alles perfekt ab und schon bald standen nach den Proben mit der neuen Band die ersten Auftritte an.

Auch hier wurde mit einem Ford Transit Bus zu jedem Job angereist. Wer saß am Steuer? Klar, ich ließ niemand an meinen Lieblingssitzplatz ran.

Wir traten bei Galaveranstaltungen jeder Art auf, in großen Hallen, Hotels, Open Airs oder auch in Festzelten. Der Erfolg von Tony war enorm. Mit der *Schönen Maid, Heute haun wir auf die Pauke, Junge die Welt ist schön* folgte ein Hit dem anderen.

Tony wird mir verzeihen, wenn ich darüber schreibe, was mir bei einem Besuch in seinem Haus passierte.

Meine Aufgabe war es auch, verschiedene Arrangements für die Band zu schreiben. So fuhr ich nach Baden Baden zu seinem Haus, um mit ihm ein neues Arrangement zu besprechen. Nach dem Klingeln öffnete mir seine Frau Gabi die Tür und bat mich herein.

„Tony ist im Pool, du kennst ja den Weg!", sagte sie, und ich ging den Gang hin zu seinem Pool, mit dem eher eine Schwimmhalle gemeint war. Eine große Halle mit einem Kuppeldach, darunter das kreisrunde Schwimmbecken mit einem Durchmesser von sicher fünfzehn Metern. Eine Wohlfühl-Oase hatte er sich da bauen lassen. Im Wasser schwamm ein glatzköpfiger Mann und ich fragte:

„Wo ist denn der Tony?"

Die Antwort kam laut und prompt:

„Hey, du Blödmann, ich bin's doch selber!"

Ich kannte Tony bis dahin nur mit seinen langen Haaren und erfuhr auf diese Weise, dass er ansonsten immer ein Toupet trug. Das wissen ja inzwischen auch die meisten Leute. Ich habe es auf diese Weise viele Jahre früher erfahren und denke mit einem Lächeln daran.

Tonys Haus lag auf eine felsigen Hügel oberhalb der Stadt Baden Baden. Was mich als Autoliebhaber besonders interessierte, dass er sich seitlich, unterhalb vom Haus, eine große Tiefgarage in den Fels sprengen ließ. Nach und nach begann Tony sich eine Sammlung von wertvollen Oldtimern anzulegen. Meines Wissens befand sich darunter auch der originale Mercedes vom früheren Bundeskanzler Konrad Adenauer.

Ein sehr guter und vermögender Freund von

mir besitzt ebenfalls heute auf einem ehemaligen Bauernhof eine Sammlung von über 40 Oldtimern. Er sagte zu mir, es sei die momentan beste Möglichkeit, eine hohe Rendite für sein Geld zu bekommen. So ein Oldtimer steigt jährlich in seinem Wert. Es sei ihnen vergönnt!

Mit einem Oldtimer im Flugzeugbereich aus heutiger Sicht geht meine Erinnerung an dieser Stelle weiter.

Mein allererster Flug stand an, als die gesamte Tony-Marshall-Crew zu einer Tournee nach Amerika aufbrach. Das Flugzeug war eine vierstrahlige Douglas DC 8 und damals eines der beliebtesten Langstreckenflugzeuge. Ihr Fassungsvermögen betrug maximal 259 Passagiere.

Wir starteten vom Frankfurter Flughafen mit der Maschine, die mit insgesamt nur dreißig Passagieren besetzt war. Wie wir erfuhren, hatte eine Reisegesellschaft mit über hundertfünfzig Menschen die Reise gecancelt. Trotzdem stieg die Maschine in den Himmel auf, ja, wir hatten einen himmlischen Flug.

Die Stewardessen verwöhnten uns während des Fluges mit allen Annehmlichkeiten was Getränke oder das Essen betraf. Einige von uns aßen doppelte Portionen, man konnte es sich auf den vielen freien Plätzen bequem machen oder auch vorne ins Cockpit zu den Piloten gehen. Ich weiß noch genau, dass die Cockpittür stets geöffnet war. Dies wäre heute unmöglich nach den vielen Unglücken und Ereignissen der letzten Jahre. Darum wollte ich hier darüber berichten, wie locker und unkompliziert es damals zuging. Erst die Flugzeugentführung der *Landshut* 1977 im Zusammenhang mit der RAF veränderte die Sicherheitsstandarts maßgeblich.

Die Tournee durch Amerika war ein echtes Erlebnis. Nicht nur die Konzerte oder die gastfreundlichen Menschen, denen wir begegneten, beeindruckten uns, nein, auch die Städte, das Land, die ganze Infrastruktur, die Dimensionen von Supermärkten oder den Highways. Es war einfach gigantisch.

Von Prüderie war, was die Amerikanerinnen betraf, laut meinen Kollegen nicht viel zu spüren. Die Konzerte waren alle ausverkauft und natürlich waren auch viele hübsche Frauen unter dem Publikum. So war es fast bei jedem Konzert normal, dass die jungen Musiker vom Orchester Tony Marshall nach dem Konzert und der Autogrammstunde mit irgendeiner hübschen Frau verschwanden.

Einige der amerikanischen Autos mit ihren bekannt sanften Federungen wackelten auf den Parkplätzen plötzlich sehr verdächtig! Der Gentleman genießt und schweigt.

Mir imponierten natürlich besonders die großen 8-Zylinder-Autos von Cadillac, Chevrolet, Pontiac, Buick, Chrysler Jeep, Dogde, Lincoln oder Mercury.

Auch der Besuch des Empire State Building und die Aussicht vom damals berühmten World Trade Center mit seinen zwei Türmen ist nicht nur unvergesslich, sondern durch den Terroranschlag vom 11. September 2001 mit gemischten Gefühlen verbunden.

World Trade Center vor der Zerstörung

Ich hatte mir auch fest vorgenommen, eine Bach Stradivarius B 37 Trompete aus Amerika mitzunehmen. Ich glaube, es war in der 37. Straße in Manhattan. Dort gab es ein berühmtes Musikhaus, - der Name ist mir leider entfallen –, in dem man diese Trompeten kaufen konnte. Ja, und genau das machte ich auch.

Der Service war ungewohnt freundlich und fachmännisch. Man brachte einem die ausgewählten Trompeten in einen kleinen schall-dichten Raum, konnte probieren so viel und so lange man wollte, genial! Dann entschied ich mich nach ausgiebigen Ausprobieren genau für eine der vielen Bach Stradivarius Trompeten und bezahlte nur die Hälfte von dem, was sie in Deutschland gekostet hätte. So gesehen brachte mir die Tournee auch einen weiteren finanziellen Vorteil.

In Deutschland zurück verfolgte Tony Marshall ein Ziel, über das er oft mit uns gesprochen hat. Er wollte genau wie Jack White (*sein Produzent*) ebenfalls in die Fußstapfen erfolgreicher Komponisten und Produzenten treten.

Seinen ersten Versuch startete er mit einer Gruppe bestehend aus zwei Sängerinnen und zwei Sängern Namens *Happy Family*. Die Schallplattenfirma *Polydor* finanzierte das Projekt. Mit dabei war sein Sohn Marc und ich. Der Song hieß *Gulli Wattka* und wurde in einem Tonstudio in Berlin eingespielt. Ein in Künstlerkreisen berühmtes Studio, in dem viele Produktionen, unter anderem auch von David Bowie, aufgenommen wurde.

Wir flogen also nach Berlin ins *Hansa Studio*! Im Studio herrschte Hochbetrieb und mir nichts dir nicht kam mir tatsächlich David Bowie in einem bis auf die Erde reichenden Mantel entgegen. Er grüßte nett und verschwand hinter einer der vielen Türen.

Nun, die Aufnahme ging relativ schnell vonstatten. Das Grundplayback war fertig und zwei Wochen später erschien die Single auf dem Markt.

Damit die Gruppe auch optisch dem Titel entsprach, wurden Kostüme und Anzüge geschneidert. Einige Fotoshootings folgten, und dann traten wir in einigen Fernsehsendungen auf.

Um es kurz zu machen:

Die Single war nicht besonders erfolgreich. Nach wenigen Monaten starb das Projekt *Happy Family*. Damit auch meine Sängerkarriere - und das ist auch gut so!

So vergingen fast zwei Jahre mit vielen Auftritten zusammen mit Tony bis zur Geburt meines Sohnes im September 1973. Leider war ich an diesem Tag mit Tony und der Band unterwegs und konnte die Geburt meines ersten Kindes nicht miterleben. Meine Frau fuhr selbst mit dem Auto in eine Karlsruher Klinik und entband ohne Komplikationen unseren Sohn.

Es war schon ein besonders erhebendes Gefühl, am nächsten Tag dieses kleine Würmchen im Arm zu halten. Nach vier Tagen konnte ich meine Frau mit unserem Kind nach Hause holen, und wir genossen das neue familiäre Zusammenleben.

Es war ein prachtvoller Herbst, weil ich mich an die vielen Spaziergänge bei bestem Wetter in Kuppenheim erinnern kann.

Aber...? Aber...? Es änderte sich etwas in mir. Ich war unzufrieden mit der von mir zu spielenden Musik. Es fing mich direkt an zu langweilen, diese doch relativ einfach gestrickten Titel spielen zu müssen. Das Repertoire nach Tony Marshalls Auftritten - wir spielten oft noch drei Stunden zum Tanz auf - war auch mehr auf Schlager und Stimmungsmusik ausgelegt. Aber Dienst ist Dienst, und ...!!

Dann half mir der Zufall.

Ich saß bei unserem Manager im Büro um neue Termine zu besprechen. Seine Frau rief nach ihm, und kurze Zeit später kam er zurück und sagte:

„Warte ein paar Minuten. Ich muss etwas für meine Frau erledigen!" Und weg war er.

Da sah ich auf seinem Tisch ein Buch liegen. *Who is who* in der Musik. Ich schlug es auf und blätterte es durch. Plötzlich sah ich die ganzen Adressen berühmter Musiker, Bandleader, Komponisten und Arrangeure. Eine Idee kam mir in den Kopf. Ich nahm ein Blatt Papier und schrieb die für mich relevanten Adressen auf. Es waren neun oder zehn Adressen. Dann steckte ich das Blatt ein. Ich wollte mich unbedingt verändern und konnte jetzt dank der Adressen einen Plan entwickeln.

Schon am nächsten Tag setzte ich mich an meinen Schreibtisch, nahm meine Schreibmaschine und setzte einen Brief auf. Den genauen Wortlaut oder den Brief habe ich leider nicht mehr, aber ich weiß die wesentlichen Punkte, die ich in diesen Brief schrieb.

"Sehr geehrter…

Ich bin ein studierter Trompeter, 24 Jahre alt, habe Erfahrungen in klassischer- Blas- Tanz- und Big-Band-Musik, meine Höhe ist A3, spiele zur Zeit bei Tony Marshall. Ich möchte mich aber verändern und würde gerne in ihrem Orchester Trompete spielen. Über eine Probespieltermin würde ich mich sehr freuen."

Diesen Brief tippte ich also mehrmals ab, legte jeweils ein Foto dazu und verschickte ihn an folgende Bandleader:

Max Greger, Hugo Strasser, James Last, Horst Jankowski, *(Rias Tanzorchester)* Erwin Lehn, (*Big Band vom SDR*) Günter Noris, (*Bundeswehr Big Band*) Ernst Mosch, Rolf Hans Müller, (*Big Band SWF Baden Baden*), Kurt Edelhagen und Franz Thon (*NDR Big Band).*

Gespannt wartete ich auf eine Antwort von einem meiner Adressaten.

Unglaublich. Schon zwei Tage später kam ein Brief von Hugo Strasser. Er sucht dringend einen 1. Trompeter. Er bat mich nach Frankfurt in die Jahrhunderthalle zu kommen, um schon am kommenden Wochenende bei der Gala mitzuspielen. Ein dunkler oder blauer Anzug wäre gut. Die Kosten für die Fahrt würden erstattet. Der Brief war handgeschrieben. Wow!

Ich rief bei ihm an und sagte, dass ich selbstverständlich gerne kommen würde.

Einen Tag später kam ein Brief aus dem Büro von Ernst Mosch. Er bat mich, ins Bauer-Studio nach Ludwigsburg zu kommen, um an einer Produktion für eine neue LP teilzunehmen. Der Termin war genau ein Wochenende später als der von Hugos Einladung. Also... abwarten!

Ich war ganz schön aufgeregt, als ich an dem

besagten Samstag in der Frankfurter Jahrhunderthalle ankam und auf Hugo Strasser und seine Musiker traf. Hugo erklärte mir, wie er sich den Abend vorstellte.

Ich würde neben seinem 1.Trompeter Alex Malampré sitzen und abwechselnd die 1. Trompete spielen.

Das war ein sehr guter Vorschlag von Hugo, weil die Noten allesamt handgeschrieben waren. Daran war ich nicht gewöhnt. Alex setzte auch alles daran, es mir leicht zu machen. Er sagte:

„Ich spiele immer zuerst und bei Wiederholungen kannst du dann übernehmen. Dann hast du auch gehört, wie es gespielt werden muss!"

Genauso wurde es dann auch gehandhabt. Nach ein paar Titeln fühlte ich mich immer sicherer und fand es einfach sensationell, in einer solchen Profi-Big-Band Trompete zu spielen. Zum ersten Mal in meinem Leben erfuhr ich, wie eine Big Band live klingen muss. Es ist etwas vollkommen anderes, den Klang über eine LP zu hören oder im Orchester zu sitzen und alles live zu spielen. Die Präzision der Musiker beeindruckte mich total; die Internation, der Swing, der Rhythmus, Hugos Klarinette. Alles war perfekt.

Dann kam ein langsamer Walzer. Den Titel weiß leider auch nicht mehr, aber... er kam mir sehr bekannt vor. Im Mittelteil stand, *Solo*. Ich stand auf und spielte die sechzehn Takte, die mein Leben nachhaltig veränderten.

Als die Tanzserie beendet war kam Hugo zu mir und sagte wörtlich:

„Sie sind mein neuer 1. Trompeter!"... Schluck...! WOW!

Alex Malampré gratulierte mir und war sichtlich froh, dass ich seine Stelle übernehmen würde. Wie er Abends noch erzählte, habe er ab dem 1. Januar 1974 die Stelle als 1. Trompeter in der Big Band des Hessischen Rundfunks. Er hatte Hugo versprochen, solange zu spielen, bis er einen Nachfolger für seine Position gefunden habe. So hatten wir beide jetzt etwas gemeinsam: Eine neue Herausforderung!

Der Abend war noch relativ jung, aber ich spielte abwechselnd mit Alex die Gala zu Ende. Die anderen Kollegen der Band waren ausgesprochen zuvorkommend und höflich, außer einem älteren Trompeter, der wohl früher auch mal die Position des 1. Trompeters besetzte. Weitere Vorgänger waren auch zum Beispiel Roy Etzel, der zu diesem Zeitpunkt einer Solo-karriere den Vorzug gab.

In der Nacht fuhr ich wieder nach Hause und kam gegen 5.00 Uhr morgens in Kuppenheim an. Natürlich weckte ich meine Frau, um ihr die positive Nachricht mitzuteilen. Ja, das war eine der bedeutendsten Nächte meines Lebens.

6.

Hugo Strasser

Herbert Nold und Tony Marshall bedauerten ausdrücklich meinen Abschied aus ihrer Band, hatten aber größtes Verständnis für meine Ambitionen.

Meinen Eltern hatte ich bis dahin verschwiegen, dass ich eventuell bei Hugo Strasser spielen würde; denn wenn es mit dem Vorspiel nicht geklappt hätte, wäre die Enttäuschung sicher groß gewesen. So aber konnte ich Ihnen die freudige Nachricht am Telefon erzählen.

Mein Vater muss sich wohl mehr als nur gefreut haben, denn schon zwei Tage später stand in der Ahaus Zeitung ein Bericht über mein neues Engagement.

Na ja, der 1. Vorsitzende seiner Kapelle war ja schließlich der Chef der Zeitung. Klappern gehört zum Handwerk!!

Auch mein ehemaliger Lehrer Alfred Bertram gratulierte mir auf Umwegen über meine Eltern zu meinem neuen Job. Völlig wertfrei möchte ich bemerken, dass ich der Einzige seiner Schüler war, der es geschafft hatte, als Profi in einem bekannten Orchester zu spielen. Ja klar, ich war schon ziemlich stolz auf mich.

Ernst Mosch musste ich natürlich schriftlich mitteilen, dass ich zwischenzeitlich bei Hugo

Strasser einen Job als 1. Trompeter bekommen habe. Ein paar Jahre später trafen wir uns bei einer Fernsehsendung und sprachen darüber. Auch er hatte vollstes Verständnis für meine damalige Entscheidung.

Viele Fragen waren noch offen, wie und wann ich meinen ersten Einsatz bei Hugo hätte. Wo werde ich wohnen? Welche Kleidung musste ich mir anschaffen? Jetzt lernte ich zum ersten Mal die einmalige und hervorzuhebende Herzlichkeit von Hugo Strasser kennen. Schon einige Tage später hatte er eine Wohnung für meine Familie organisiert. Sie lag im Osten von München nahe dem Flughafen Riem, in Feldkirchen.

Selbst ein Umzugsunternehmen hatte er bestellt, sodass alles reibungslos vonstatten ging. Einmalig !

Ja, und dann kam dieser erste Einsatz in

seinem Orchester. Es war die Produktion einer Langspielplatte, die damals jeder kannte *Die Tanzplatte des Jahres.* Die LP hatte noch den Hintergrund, dass es die 10. Produktion dieser Reihe war. In diesem Fall die *Tanzplatte des Jahres 1974/75.*

Die Aufnahmen fanden in München im *Bürgerbräukeller* statt. Ein riesiger Saal mit einem Fassungsvermögen von 1800 Menschen. Das ist übrigens der Ort, an dem am 8. November 1939 Hitler nur knapp einem Attentat entging. Eine Gedenktafel, die den Attentäter Georg Elser ehrte, hing an der Säule, die Hitler zwanzig Minuten zu früh nach seiner Rede verließ.

In einem seitlichen Raum des Saales war die Aufnahmetechnik untergebracht. Von dort liefen die Kabel der Mikrofone zu einer aufgebauten Bühne, ähnlich wie bei Live-Auftritten. Für vierTrompeten standen zwei Mikrofone zwischen den Pulten, für die fünf Saxophone insgesamt drei. Um die Band herum standen mehr oder weniger hohe Wände, die die Aufgabe hatten, die Akustik von dem großen Saal nicht in die Mikrofone gelangen zu lassen.

Eigentlich hatte ich damit gerechnet, mich in einem Tonstudio wiederzufinden, aber nicht in diesem Saal. In München gab es genügend große und bekannte Tonstudios, in denen ich ja später oft spielte.

Zuerst stand auch hier der Soundcheck im Vordergrund. Alle Instrumentengruppen spielten erst einzeln, dann zusammen Akkorde an. Das dauerte nicht sehr lang. Der Toningenieur hatte wohl die entsprechende Erfahrung und war seit Jahren derselbe Mann.

Es wurde dann das einzuspielende Arrangement verteilt. In meinem Gedächtnis ist gerade dieser Moment haften geblieben, als sei es gestern gewesen. Der Titel heißt *Raffaela* und war eine Komposition von Hugo und seinem Hauptarrangeur Werner Tauber. Ich dachte mir, *Raffaela*... Ralf... das kann kein schlechtes Omen sein.

Wir spielten das Arrangement einmal durch, dann gab der Toningenieur (*Kurt G. Lorbach*), der sich damals noch Tonmeister nannte, das OK für eine Aufnahme.

Übrigens, keiner der Musiker hatte einen Kopfhörer auf, nein, wir spielten alles ohne Hilfsmittel ein. Es war schon eine Herausforderung für mich, unter all diesen Profis zu bestehen. Im Arrangement wurde ein F3 gefordert, ja... hab ich auch prima hinbekommen. Die Aufnahme war nach dem ersten Einspielen fertig.

Auch hier fand ich total gut, dass Hugo zu mir kam und sagte:

„Super, Ralf... Einmalig!"

Dieses Wort *Einmalig* habe ich noch ein paar tausend Mal gehört. Egal, wo wir spielten, nach jedem Stück sagte Hugo *Einmalig*! Das hatte was. Ich habe das übernommen und später in meinen eigenen Bands ebenfalls so gehandhabt.

An diesem Tag wurden alle zwölf Titel komplett eingespielt. *Waterloo* von Abba, *Theo wir fahr'n nach Lodz, Apollo Rock, Seasons in the Sun, s'Wonderful* und *Anything Goes* hießen einige dieser Titel.

Der zweite Tag dieser Produktion wurde hauptsächlich für Überspielungen genutzt. Die Saxophone überspielten ihren eigenen Satz doppelt, was als besonderer Klangeffekt besonderes für den Glenn Miller Sound galt. Auch der Chor und die Percussionisten kamen ausschließlich am zweiten Tag. Ganz zum Schluss spielte Hugo dann seine Solo-Klarinette ein.

Also, ich war schwer beeindruckt von der ganzen Arbeitsweise. Wenn man darüber nachdachte, dass Hugo Strasser das Monopol für die *Tanzplatte des Jahres* besaß und über eine Million Turniertänzer nach dieser Musik trainierten, dann konnte man ungefähr erahnen, wie wichtig das Produzieren dieser LP war.

Die Aufnahmen wurde direkt von Männern und Frauen im Saal begleitet, die extra nach München kamen. Sie waren Mitglieder des Arbeitsstab *Tanzplatte des Jahres* im *Allgemeinen Deutschen Tanzlehrerverband* sowie Mitglieder der Redaktion *Tanzillustrierte*. Orchester und dieser Arbeitsstab vereinten damals mit dem technischen Stab der Schallplattenfirma *EMI-Electrola* den größten

Erfahrungsschatz zur Aufnahme moderner Tanzmusik im strikten Tanzrhythmus überhaupt.

Es wurde kleinlichst darauf geachtet, die Tempi exakt eingehalten wurden. Sie standen tatsächlich um uns herum, in der Hand eine Stoppuhr!!

So hatte der *Cha Cha* beispielsweise genau 33 Takte pro Minute zu haben, oder der *Quickstep* 52 T/M. Ein Wiener Walzertakt dauert genau eine Sekunde, also wurden in der Minute 60 Takte gespielt.

Wenn ich dies alles vorher gewusst hätte, ich weiß ehrlich nicht, ob ich diesen Schritt gewagt hätte. So kam ich in diese Aufgabe ziemlich naiv und unerfahren. Anderseits wächst man ja bekanntlich mit den Aufgaben, und wenn ich überhaupt irgendetwas weiß, dann ist es, dass ich es meiner Musikalität zu verdanken habe.

Liebe Musiker, die ihr das hier vielleicht lesen solltet:

Meine Erfahrung nach fast sechzig Jahren Trompete spielen ist, es ist egal, welches Instrument man professionell spielt. Es stecken immer begabte musikalische Menschen dahinter. Man kann sich vieles erarbeiten, aber ohne eine erheblich vorhandene Musikalität kann man nicht in den Dunstkreis der höchsten Liga von Musikern vorstoßen!

Dies habe ich nicht erst heute erkannt, sondern mir wurde ganz klar, dass ich trotz aller Fähigkeiten wieder anfing, richtig hart und konzentriert zu üben. Tonleitern... alle zwölf Tonleitern wurden aufgefrischt. Ich hörte mir an, wie sich die anderen Trompeter einspielten, LPs von allen großen Big Bands hörte ich rauf und runter. Es galt noch einiges an der Stilistik zu verbessern.

Gott sei Dank hat auch der 1. Es-Alt-Saxophonist mir immer wieder Tips gegeben, an welchen Stellen ich Verbesserungen vornehmen könnte. Er saß ja direkt vor mir und hörte haargenau, was und wie ich spielte. Danke lieber Hans Wolf!!

Ja, nun hatte ich also meine erste Aufgabe bestanden. Die folgenden Jobs bei Hugo waren für mich wie gemacht. Wir spielten die großen Bälle im Deutschen Theater.

Der Vorteil lag darin, dass immer zwei Bands sich die gleiche Bühne teilten. Jede Band hatte in der Regel eine Stunde zu spielen, dann wurde gewechselt. Sehr oft war das *Pasadena Roof Orchestra* unser Spielpartner. Aber auch Ambross Seelos und James Last wechselte sich mit uns ab.

Was James Last betrifft, muss ich unbedingt eine Geschichte erzählen. Er hatte sich im Jahre 1974 schon eine große Anhängerschaft erspielt und war in vielen Fernsehsendungen wie auch der *Starparade* zu einem absoluten Begriff geworden.

An einem dieser Abende im Deutschen Theater musste James Last einen Stargast begleiten. Es war Tony Marshall!

Wir hatten uns ja einige Zeit nicht mehr gesehen, aber wir begrüßten uns in der Garderobe wie alte Freunde. Und dann kam Tonys Auftritt, nachdem Hugo Strasser eine gute Stunde gespielt hatte.

Der Umbau und das Wechseln der Musiker ging ziemlich schnell vonstatten, und dann sah ich sie. Die Trompeter. Wir konnten uns leider vorher nicht begrüßen, weil sie ihre Garderobe in einem anderen Stockwerk hatten. Wie immer standen oben zwei rechts und zwei links auf der Bühne. Einer von Ihnen war Heinz Habermann ! Dieser Trompeter war derjenige, mit dem mein Vater nach dem Krieg beim *Eisballett Bayer* gemeinsam gespielt hatte und dann dessen Position als 1. Trompeter übernommen hatte.

Kurz bevor Tony Marshall auf die Bühne kam, ging ich zu Heinz und sagte ihm: "

„Hallo Heinz, meine Name ist Ralf Willing, der Sohn von Gerd Willing, und ich spiele seit kurzem beim Hugo Strasser!"

Er freute sich wirklich, den Sohn seines ehemaligen Kollegen hier zu treffen und staunte nicht schlecht.

„Das ist ja ein Ding, damit hätte ich nicht gerechnet!"

Aber die Zeit eilte, Tony kam zu seinem Auftritt, und ich sagte ihm:

„Ich war bis letztes Jahr Bandleader bei Tony, und ich würde mich freuen, wenn ich ihn begleiten dürfte. Du kannst ja solange Pause machen, wenn du willst. Ich kenne sein Programm noch in und auswendig!"

Er reagierte sofort und sagte:

„Na klar, gerne, wir können uns ja nachher noch sprechen!"

Und schon ging er in die Garderobe.

James Last sah zu mir herauf, und wie es seine lockere Art war, winkte er mir fröhlich zu, als sei es die normalste Sache der Welt, dass da plötzlich ein anderer Trompeter steht. Er zählte ein und los ging es. Die Noten brauchte ich nicht. Tony hatte sein Programm und die Abfolge nicht geändert. Als er auf die Bühne kam, sah er mich im Orchester James Last stehen und hatte sichtlich Freude, seinen alten Bandleader hinter sich zu wissen. Sein Auftritt war wie immer erfolgreich und die Stimmung im Deutschen Theater ausgelassen und fröhlich.

Ich habe mit James Last nie darüber gesprochen, dass ich ihm sechs Monaten zuvor einen Brief geschrieben habe. Später in einer gemeinsamen Pause habe ich Heinz Habermann davon erzählt. Er sagte mir, dass der Zeitpunkt wohl nicht ideal gewesen wäre, weil James Last zu der Zeit keinen Trompeter gesucht hätte. Jetzt sei die Situation aber anders, und er sähe gute Chancen, dass ich ins Orchester kommen könne. Na Bravo!

Das war wieder so ein Moment, wo man jetzt anfangen könnte darüber zu spekulieren, was wäre wenn? Für mich war aber ganz klar, ich würde im Orchester Hugo Strasser bleiben. Er hat mir die Tür geöffnet und mir alles ermöglicht, also war es loyal und richtig. Diese Entscheidung habe ich bis heute nicht bereut.

Weitere wichtige neue Stationen mit dem Orchester Hugo Strasser warteten auf mich, so zum Beispiel Ostern 1974, wo am Ostersonntag live aus Hamburg das wichtigste Tanzturnier der Welt von der ARD übertragen wurde. Die Weltmeisterschaft der Profis in Standard und Latein. Niemals mehr als an diesem Ostersonntag habe ich wieder so viel Lampenfieber gehabt. Ich wusste, wer alles vor dem Fernseher saß, um meinen ersten öffentlichen Auftritt im Fernsehen zu bewundern.

Meine Eltern, meine Geschwister und all die Freunde aus der Vergangenheit. Sicher hatte es mein Vater auch allen seinen Kapellen und Musikern erzählt, von den ich ja noch sehr viele kannte.

Einer der Trompeter bemerkte es, ich war weiß im Gesicht, der Schweiß stand kalt auf meiner Stirn. Walter Rab, ein Trompetenkollege, so ein lieber Mensch, gab mir den Rat, tief zu atmen. Dann sagte er etwas, dass er von einem der großen Künstler erfahren hatte, der auch immer starkes Lampenfieber hatte.

„Ralf, stell dir doch einfach vor, zu Hause vor dem Fernseher sitzen nur zwei Leute und nicht die Millionen, vor denen du Angst hast. Nur zwei Leute!"

Über diese Sichtweise hatte ich nicht nachgedacht.

Es half, ich stellte mir tatsächlich vor, wie meine Eltern vor ihrem Fernseher saßen. Die taten mir ja nichts, und meine zwei Geschwister auch nicht. OK, als die Liveübertragung losging, war nach wenigen Takte die gewohnte Sicherheit wieder da.

Vor der Liveübertragung wurden mehrere Vorrunden in beiden Kategorien Standard und Latein getanzt. Bis es zur Endrunde der qualifizierten Tänzer kam - die dann live auf Sendung ging - spielten wir ohne Unterlass ca. dreißig Titel allein für die Tänzer.

Ich weiß nicht genau, wie viele Titel wir dann auch zwischendurch für das Publikum noch gespielt haben, aber dieses Tanzturnier war wohl mit das anstrengendste, was ich bis dahin erlebt hatte. Die Resonanz von meinen Freunden war erstaunlicher Weise nicht sehr euphorisch. Sie war eher locker, so... tolle Veranstaltung. Und wie die super getanzt hätten, also wirklich tolle Musik dazu.

"Na gut", dachte ich, "alles Paletti! Das nächste Turnier kann kommen."

Gerne würde ich zwischendurch mal ein paar Gedanken loswerden.

Man könnte vielleicht nach meinen bisherigen Schilderungen auch auf den Gedanken kommen, der Ralf scheint ziemlich eitel und überzeugt von sich zu sein. Hm.... Von meiner persönlichen Einstellung her gesehen, möchte ich die Arbeit und das Können als Musiker oder Trompeter nicht in den Himmel heben. Es ist für jeden Künstler, egal welcher Couleur, eine Pflicht, aber auch Selbstverständlichkeit, das Beste aus seinem Talent oder seiner Arbeit zu machen. Das Maß an Begabung, Talent, Fleiß, Intelligenz, Strategie, Ehrgeiz, Herkunft, Zufälle und die Zeit, sowie die sich daraus ergebenden Möglichkeiten sind die Basis für Erfolg oder Misserfolg! Ein Wort gilt es unbedingt in diesem Zusammenhang zu erwähnen:

DEMUT!

Als junger Mensch ist dies fast immer ein Fremdwort. Demut? Wovor? Warum? Demut ist für mich das Bewusstsein, erkannt zu haben, dass NICHTS auf dieser Welt selbstverständlich ist und es immer noch viel Größeres gibt als einen selbst!

Demut schützt vor Arroganz und Selbstüberschätzung. Demut lehrt dich, du bist ein Teil vom Ganzen, lehrt dich Respekt und Toleranz zu üben. Die wirklich großen Künstler, die ich kennenlernen durfte, sie hatten die Aura der Erkenntnis! Sie wissen zwar genau, was sie können, aber sie haben alle schwere Zeiten durchlebt voll mit Selbstzweifel, aber nachdem sie dann Erfolg hatten, haben sie nie vergessen, woher sie kamen.

Caterina Valente, Peter Alexander, Peter Frankenfeld, Hugo Strasser, Heinz Gietz

(*Arrangeur u. Komponist*), Bill Ramsey, Fritz Walter (*Weltmeister 1954*), Udo Jürgens, Max Schmeling, Gilbert Becaud, nur um ein paar Beispiele zu nennen, sind solche Menschen. Ein großes Glück, sie kennengelernt zu haben.

Gestern sah ich im ZDF die Verleihung des Echo Klassik. Die große Kunst der Preisträger wurde dort sehr deutlich live gezeigt. Da sitzt du in deinem Sessel vor dem Fernseher und?... Freude und Demut zugleich!!!

Bevor ich einschlafe, höre ich in meinem Bett nachts fast täglich den Sender BR Klassik. Liebe Leser, was da an Musik, Kompositionen, Solisten und Orchestern zu hören ist, ...ein Genius nach dem anderen! Es ergreift mich jedes Mal zutiefst, diese wunderbare Musik zu hören und macht mir ganz klar, ja.... Ich bin ein guter Musiker, verstehe was da abläuft, aber ich bin auch nur ein ganz kleiner Teil in der Welt der Musik; ganz klein und demütig, wissend was ich kann, aber auch wissend, was ich nicht kann! Aber das Wichtigste ist, Spaß an der Musik zu haben, und das sollte für alle gelten, die sich musikalisch betätigen, unabhängig vom Können!

Übrigens finde ich es wichtig zu sagen, dass es nicht nur fantastische Musiker und Genies in der klassischen Musik gibt, nein... es gibt sie in jedem Genre, .weltweit, in allen Kulturen! Genau das ist das einzigartige an der Musik!!

Würden alle Menschen Musik machen oder Musiker sein, es gäbe keine Kriege! Musik verbindet die Menschen auf eine unglaubliche Weise. Musik ist Harmonie und Teamarbeit. Nichts würde in der Musik funktionieren, würden Musiker ihre Kultur, ihre Religion, ihre Vorbehalte gegenüber anderen Menschen voranstellen.

Es gibt weltweit viele gute Orchester, in denen Musiker aus allen möglichen Ländern zusammen spielen. Amerikaner, Russen, Syrer, Palästinenser, Israelis, Deutsche, Iraner, Iraker, Saudis.. und... und... und... Sie bilden trotz aller unterschiedlichen Kulturen, Religionen und staatlichen Feindschaften eine Einheit!!! Eine musikalische Einheit. - HARMONIE - Ist das nicht wundervoll?

Kehren wir zurück in meine Zeit bei Hugo Strasser. Wir befinden uns wieder in der Mitte der 70iger Jahre. Die Haare waren lang, die Hosen hatten einen Schlag, die Mädels trugen Miniröcke, die Musik im Radio wurde von ABBA, Stevie Wonder aber auch von Schlagerstars wie Chris Roberts oder Vicki Leandros dominiert. James Last war die absolute Nr. 1 was Instrumentalmusik betraf. Die Musikshows im Fernsehen waren am Samstagabend Straßenfeger und dazu gehörte in erste Linie die neue Show *Musik ist Trumpf* mit Peter Frankenfeld als Moderator. Die allererste Sendung im ZDF *Musik ist Trumpf,* übrigens live ausgestrahlt, durfte ich damals als Mitwirkender im Orchester Hugo Strasser miterleben.

1975 - 1. "Musik-ist-Trumpf"-Sendung

Es war beileibe nicht so, dass man als Orchester einfach in die Halle fuhr und nun dort Proben, Generalproben und Livesendung spielte, nein... Es waren mehr oder minder Stellproben und Kameraeinstellungen, die vom Ablauf genaustens festgelegt wurden. Gespielt wurde live kein einziger Ton. Nicht bei den Proben, nicht bei der Livesendung! Also alles im Playbackverfahren. Da wird jetzt mancher enttäuscht sein und sagen, ja das ist ja keine Kunst, nur so zu tun als spiele man. Aber: Wo kamen diese Playbacks her? Haben die auftretenden Künstler ihre eigenen Playbacks mitgebracht? Nein!

Jeder Ton wurde etwa zwei Monate vorher in einem Tonstudio aufgenommen. Das beste Studio für solche Sendungen war damals das

Trixie Studio in München.

Die Aufnahmen für die gesamte Sendung dauerten insgesamt zwei Wochen!!

Die größte Leistung vollbrachte für mich der Arrangeur Heinz Gietz. Dieser Mann hat große Hits komponiert, unter anderem für Caterina Valente und viele viele andere.

Heinz Gietz
(∗1924   + 1989)

Man muss sich nur vorstellen, dass er alles ohne Computer, also per Hand, über Wochen vorher arrangierte und das ausschließlich für Big Band mit Streichern und Chor. Eine Mammutaufgabe. Das Ergebnis aber sprach für sich.

Wie lief das Ganze ab? Die Termine wurden jedem Musiker mitgeteilt, und man hatte an den entsprechenden Tagen zu bestimmten Zeiten im Studio zu sein.

Nehmen wir mal den Tag, an dem Caterina Valente ihr Aufnahme fertigstellen musste. Um

9.00 Uhr war der Arbeitsbeginn im Studio. Die Grundstruktur vom Rhythmus, also Drums, Bass, Gitarre und Piano war soundmäßig schon eingestellt, bevor der Rest der Big Band an seine Mikrofone und Pulte ging. Heinz Gietz verteilte die Noten, während das ein oder andere Instrument am Mischpult eingestellt und justiert wurde. Der Raum mit der gesamten Tontechnik wie Mischpult, Equalizer, Hall und alle anderen Geräten wie zum Beispiel das 32-Spur-Mischpult und die Bandmaschinen waren durch eine dicke Glasfensterfront vom Aufnahmeraum getrennt.

Nun die erste Überraschung. Heinz Gietz drückte mir meine Noten in die Hand und da stand oben 1. Trompete !! Hallooo...? Muss ich erklären!

Es gab vor diesen Aufnahmen zu *Musik ist Trumpf* schon mal einen Termin im Studio, wo eine Show aufgenommen werden musste, allerdings nicht mit dem Orchester Hugo Strasser. Das war mein erster Termin im Studio ohne den Zusammenhang mit Hugo. Der 1. Es-Altist von Hugo war der Mann in München, der immer damit beauftragt wurde, bestimmte Musiker zu einem Studiojob zu terminieren. Da ich total neu in München war, hatte er mich zu diesem vorherigen Studiogig als 2. Trompeter verpflichtet. Die erste Trompete wurde von Ferenc Aszódy gespielt. Ein renommierte Trompeter in vielen Big Bands, später auch lange Zeit bei Ernst Mosch.

Nun, die Aufnahme nahm ihren Lauf, und ich gab mein Bestes, denn schließlich würde ich auch gerne öfter im Studio spielen, auch ohne Hugo Strasser. Nach ein paar Takten der Aufnahme beugte Ference sich zu mir rüber, klopfte mir auf den Oberschenkel und sagte leise:

„Du nix lauter spielen als ich, ich bin die 1. Trompeter. OK?"

„Oh", dachte ich, "stimmt!"

Das war eine gute und wichtige Erfahrung. Durch meinen jugendlichen Leichtsinn und Ehrgeiz hätte ich es bald versaut. Ferenc sagte, wo es langging und das war absolut richtig so!

Viele Jahre später habe ich Ähnliches in einer Amateur-Big-Band erlebt, in der ich als Aushilfe die 1. Trompete spielte und sagte genau diesen Spruch dem 2. Trompeter neben mir! Fand ich total geil! Er ist sichtlich rot geworden, und ich habe schmunzelnd an mein Erlebnis mit Ferenc Aszódy denken müssen.

Zurück ins Studio.

Wie gesagt, Heinz Gietz teilte die 1. Trompete an mich aus, obwohl ich gedacht habe, jeden Moment kommt Ferenc Aszódy herein um die 1. Trp. Zu spielen. Ich war ja immer noch sehr neu im Studiogeschäft. Aber nein, kein anderer Trompeter kam noch dazu. Yes!! Ich spielte die 1. Trompete.

Es war ein fünfzehnminütiges Medley von

Caterina mit vielen unterschiedlichen Tempi und Tonarten. Super arrangiert, und ich hatte eine Riesenfreude an diesem Arrangement.

Charly Antolini an den Drums spielte unglaublich, was mich total antörnte. Jedenfalls war nach ca. zwei Stunden das Medley auf dem Band.

Alle Musiker inklusive Caterina gingen in die *Kommandozentrale* und hörten sich alles zusammen an. Heinz Gietz war zufrieden und forderte Caterina auf, jetzt ans Mikro zu gehen und ihren Part einzusingen.

Die routinierten Musiker gingen in die Cafeteria, ein paar andere blieben um zu hören, wie *die Valente* ihre Aufnahme singen würde.

Ich ging auch noch schnell aus dem Raum, um mir einen Kaffee zu holen. Da kam Hugo zu mir und sagte mir etwas, was ich auch nie vergessen werde:

„Heinz Gietz sagte mir gerade, dass ich da einen tollen neuen Trompeter habe. Das wird mal ein ganz Großer!"

Was für ein Kompliment!

Liebe Leser, auch wenn aus dem ganz *großem Trompeter* nichts geworden ist *(durch meine eigene Schuld),* so war es doch, dass Hugo und ich uns sehr gefreut haben. Mit diesem Bewusstsein ging ich wieder in den Technikraum und sah Caterina zu.

Ganz alleine stand sie in diesem riesigen Tonstudio vor einem Mikrofon, einen Kaffee neben sich, sang ein paar Töne an und gab dann Handzeichen, dass sie bereit wäre. Der Toningenieur sagte „ Band läuft!"

Caterina Valente

Warum ich gerade dieses Erlebnis schildere hat einen besonderen Grund. Caterina sang das komplette Medley durch, ohne Unterbrechung, ohne einen Textfehler oder eine Intonationsschwäche, einfach perfekt. Heinz Gietz sagte zu uns:

„Das kann nur Caterina. Keine andere Sängerin oder kein Sänger hat jemals im Studio so fehlerfrei seinen Part gesungen!"

Normalerweise gibt es immer ein paar Töne

oder die Ausdrucksweise, die man verbessern kann. Nicht so bei Caterina.

Später kam noch Peter Alexander ins Studio, der ein besonders freundschaftliches Verhältnis zu Caterina Valente hatte. Für mich war es beeindruckend, wie normal diese zwei Superstars sich benahmen, Menschen wie du und ich.

Nach den Aufnahmen gab es noch ein Schmankerl. Charly Antolini, der Bassist, Peter Alexander und Caterina gingen ins Studio und fingen an zu jazzen. Ich hatte bis dahin nicht gewusst, dass Peter ein so hervorragender Jazzpianist war und Caterina eine so geile Gitarre spielte. So lernte ich täglich dazu, machte unwiederbringliche Erfahrungen, die mich feststellen ließen, hinter jedem Star steckt viel mehr, als man oft vermutet. Als Außenstehender hat man davon keine Ahnung, und es gibt manchmal Vorurteile gegenüber Künstlern. Als Insider revidiert man diese sehr schnell.

Für uns Musiker war es ein finanzieller Vorteil, erst im Studio eine Fernsehsendung aufzunehmen und dann noch eine Extragage für die zwei Tage inklusive der Proben zur Sendung zu erhalten. Die Kosten für die Produktion einer Fernsehshow wie *Musik ist Trumpf* wurden von den Beteiligten mit ca. 500.000.- DM beziffert. Viel Geld für die damalige Zeit.

Auf Youtube kann man genau diese Sendung

heute in voller Länge anschauen. Es ist vierzig Jahre her und ich kann nur sagen, der Erfolg dieser Show ist sehr gut zu verstehen. Die Qualität, was Moderation, Künstler und Orchester betrifft war, erste Sahne.

Es ist noch nicht lange her, dass ich in youtube das Video dieser Sendung angesehen habe. Meine Gefühle kann ich nur so beschreiben:

Da siehst du dich als Musiker in einer damals für mich realen Welt, jung... ja, vor allem jung! Mein heutiges Leben hat damit nichts mehr zu tun, gar nichts! Ich weiß nur, dass ich sehr froh bin, dies alles erlebt zu haben. Curd Jürgens, der berühmte Schauspieler sagte mal:

"Die Vergangenheit ist das Sofa, auf dem ich sitze, und ich sitze sehr bequem!"

So gesehen, kann ich mich seinen Worten nur anschließen! Okay.

In weiteren Sendungen waren dann die Orchester Paul Kuhn, Max Greger oder auch Horst Jankowski zu sehen.

Der Moderator Peter Frankenfeld trug wesentlich zum Erfolg der Sendung bei. Ich rate allen Lesern, sich in Youtube mal Ausschnitte aus *Musik ist Trumpf* anzusehen. Seine bekanntesten Sketche sind, „Papi geht's gut" die „Bowle" oder das Beispiel, „wie man richtig rechnet".

Nun sitze ich vor meinem PC und überlege, welche Erinnerungen es wert wären, hier ihren

Niederschlag zu finden. Gestern Abend konnte ich vor lauter Nachdenken nicht einschlafen, soviel ging mir durch den Kopf. Langsam fange ich an, mir gewisse Stichworte aufzuschreiben, damit die damit verbundenen Erinnerungen nicht verlorengehen. Jetzt bin ich ja in einem Alter, wo das Langzeitgedächtnis besser sein soll als das Kurzzeitgedächtnis. Nun, bis jetzt hat es jedenfalls funktioniert. Ich hoffe sehr, dass der verehrte Leser sich noch nicht gelangweilt hat.

Da ich ja ein großer Autonarr bin, möchte ich noch eine einmalige Situation schildern, die es so nie wieder gegeben hat.

Wir spielten mit Hugo in Stuttgart-Weissach eine große Gala zur Vorstellung eines neue Porsche Modells. Dazu hatte Porsche jede Menge Prominenz eingeladen. Das Medieninteresse war riesig und auch wohl die Absicht, die hinter der Veranstaltung steckte.

Porsche besitzt in Weissach eine kleine Test- und Rennstrecke, die an diesem Tag für die Prominenz geöffnet wurde. Willi Kausen, der bekannte Testfahrer von Porsche, der auch Rennen bestritt, fuhr dort mit einem 1000 PS Porsche ständig über die Strecke und nahm dabei jeweils einen prominenten Menschen mit an Bord. Rosie Mittermaier, Franz Beckenbauer und einige andere der geladenen Gäste nutzten die angebotene Gelegenheit, um mal zu erfahren, wie es bei einem Renntempo in einem solchen Auto zugeht.

Ich stand etwas abseits und beobachtete die Szenerie. Nach einer Runde stieg dann Franz Beckenbauer aus, aber niemand wollte einsteigen. Das war mein Moment. In meinem dunkelblauen Smoking ging ich zum Auto und stieg ein. Ein Techniker schnallte mich sofort fest an. Willi Kausen begrüßte mich mit Handschlag und sagte:

„Na, dann wollen wir mal eine schnelle Runde drehen!"

Ich gab zur Antwort:

„Also Herr Kausen, bei mir brauchen Sie keine Rücksicht zu nehmen. Ich bin schnelles Fahren gewöhnt!"

„Na, das hört man gerne!", gab er zurück.

Ich hätte, glaube ich, besser nichts gesagt, denn was jetzt passierte, nahm mir buchstäblich den Atem. Mit ohrenbetäubendem Motorlärm stob er davon. Die Beschleunigung war einfach unvorstellbar. Nach ungefähr dreihundert Meter kam die erste scharfe Kurve. Ich weiß nicht, wie schnell wir bis dahin schon waren. Jedenfalls dachte ich, "der muss doch jetzt bremsen", aber er bremste nicht. Erst vielleicht fünfzig Meter vorher ging er in die Eisen, dass es mich dermaßen in die Gurte presste, ja, mir den Atem nahm.

Dieses Gefühl der Machtlosigkeit, in einem 1000-PS-Porsche um die Rennstrecke zu rasen, war keine Angst, sondern sich ein Ergeben in diesen Moment der Fahrt. Ich denke, dass ich genauso blass beim Aussteigen gewesen bin wie die Mitfahrer zuvor. Mein Respekt vor diesen Geschwindigkeiten jenseits von 300 Km/h, das enorme Bremsvermögen und die fahrerische Leistung von Rennfahrern ist seit diesem Tag von einer anderen Qualität.

Ja, ich bin auch sehr dankbar, solche Erfahrungen gemacht haben zu dürfen !!!

Da fällt mir gerade noch eine Episode ein, die meinem Ego nicht sonderlich zuträglich war und auch in dieser Zeit geschah.

Nachdem ich einige Zeit bei Hugo war, bat mich mein Vater, doch nach Warendorf, in der Nähe von Münster liegend, zu kommen. Er spielte dort ein Schützenfest und hätte gerne, dass ich zum Frühschoppenkonzert komme, um die *Post im Walde* zu spielen.

Das war jetzt nicht gerade eine einfache Sache. Ich spielte an dem Abend vorher mit Hugo ein Tanzturnier in Stuttgart, hatte aber danach einige freie Tage. Ich überlegte lange, ob ich es machen sollte oder nicht. Nun müsste ich also mit meinem Auto selbst nach Stuttgart fahren und nach dem Ball in der Nacht die fast 500 km nach Warendorf. Klar war, mein Vater hat mal wieder damit geprahlt, wo sein Sohn spielt und den Leuten versprochen, dass ich bei dem Frühschoppenkonzert ein Solo spielen würde. Er würde mir auch die Fahrt bezahlen, und dann könnte ich ja ein paar Tage mal wieder in meiner Heimat verbringen.

"Also gut", dachte ich, "mal wieder zu Hause zu sein ist verlockend."

Ohne schlafen zu können fuhr ich also in der Nacht nach Warendorf und kam dort ziemlich müde gegen 8.00 Uhr morgens an. Das Konzert sollte um 10.00 Uhr beginnen. Man lud mich zu einem ausgiebigen Frühstück ein, während die Städtische Kapelle schon gut hörbar durch die Stadt marschierte.

Um kurz vor 10 Uhr traf ich dann in der Halle auf meine alten Freunde in der Kapelle, in der ich ja meine Jugend verbracht hatte. Mein Vater freute sich und begrüßte mich herzlich. Das Konzert begann.

Ich saß neben dem 1. Trompeter, und wir spielten abwechselnd mehr oder weniger das Konzertprogramm. Ab und zu ließ ich mich mal hinreißen, eine Oktave höher zu spielen. Na ja... typisch. Ego und Trompeter. Dabei vergaß ich fast, dass ich ja noch die *Post im Walde* spielen sollte. Meine Kondition war jetzt nicht mehr die allerbeste. Seit mehr als vierundzwanzig Stunden war ich jetzt unterwegs, fast 800 km gefahren und einen ganzen Abend mit Hugo gespielt. Es half nichts, jetzt war ich halt hier.

Abgespannt, müde, ohne Schlaf... dann war ich an der Reihe. Mein Vater machte ein entsprechende Ansage für seinen Sohn. Muss natürlich auch für sein Ego sein - und los ging's.

Einleitung, aufstehen, ansetzen und spielen!

Eigentlich ging es ganz gut, und ich fühlte mich in meinem Element. Aber nach dem Mittelteil mit dem a-capella-Signal spürte ich, dass meine Lippen müde wurden.

Gott sei Dank schaffte ich es dann auch fast bis zum Schluss, aber eben auch nur fast, denn der letzte Ton, nur ein Bb 2, stand nur kurz und rutschte mir weg. Was wiederum phänomenal war, dass mein guter alter Freund Clemes Kubik an der 1. Trompete sofort reagierte und das Bb 2 sauber drüberhielt.

Vom Publikum konnte es keiner bemerken, und so war der Applaus auch stürmisch und anerkennend. Aber mein Vater, Clemens und ich wussten, was da gerade passiert war. Es war schön, dass gerade mein Vater vollstes Verständnis hatte und dankbar war, dass ich trotz der Umstände gekommen war.

Ja, so kann es manchmal im Leben ge-schehen, dass Umstände dich lehren, manche Dinge nicht zu tun.

Aber weil wir gerade bei der *Post im Walde* sind. Viele Jahre später stand ich während einer Tournee mit den *Lustigen Musikanten* in der Deutschlandhalle in Berlin auf der Bühne. Die Halle war mit mehr als 5000 Besuchern gefüllt und mein Auftritt als Solist mit der *Post im Walde* stand an. Marianne und Michael machten die Ansage wirklich toll, und ich trat vors Mikrofon. Applaus brandete auf. Das Orchester spielte die Einleitung, ansetzen... und spielen.

Dann kam der Mittelteil a capella... und plötzlich war der gesamte Strom der Anlage weg. Kein Monitor, kein Orchester mehr... alles tot!

Dann reagierte ich spontan ohne zu überlegen, stellte demonstrativ das Mikro an die Seite und blies ganz alleine die *Post im Walde* in die riesige Halle, und...? Mit einem kräftigen sauberen B2 am Schluss.

Das Publikum hatte den Tonausfall mitbekommen und bedankte sich mit einem Wahnsinnsapplaus. Ich bekomme noch heute wie damals eine Gänsehaut, wenn ich daran denke. Eine schöne Geschichte im Vergleich zu der vorangegangenen!

So ist das Leben!

Jetzt muss ich unbedingt erzählen, dass die Zeit bei Hugo einfach mit vielen Erlebnissen verbunden war. Es gab auch einige Termine in der Provinz. Manche Tanzschulen leisteten sich alle Jahre mal ein Orchester wie Hugo Strasser, was nicht gerade ein billiges Vergnügen war. Die Säle waren klein, manche Bühnen entsprachen nicht den Anforderungen einer Big Band, aber da war *improvisieren* das Schlagwort. Wir Musiker mochten aber diese Auftritte sehr, es ging relativ locker zu ohne großen Stress wie durch Fernsehkameras, Weltmeister oder Politiker, eben ohne die ganz große Bühne.

An jedem Abend bei einer Tanzschule war

die Bühne so klein, dass wir eng aufeinander saßen, die Posaunen und Trompeten bliesen den davor positionierten Saxophonen fast ins Ohr. Einer von Ihnen hatte sich sogar Ohropax verordnet.

Auffällig für mich ist die Tatsache, in der Provinz hielten die meisten Musiker sich nicht zurück und tranken viel Alkohol. Nach dem offiziellen Teil ab 22.00 Uhr meistens besonders. Es war kurz vor dem Ende der Veranstaltung, dass wir noch einen langsamen Walzer spielen mussten. Bei solistischen Passagen waren wir es gewohnt, aufzustehen. Das war bei dieser kleinen Bühne aber nicht möglich, weil hinter uns eine ein Meter große Lücke bis zur Wandbekleidung klaffte und es ging zwei Meter in die Tiefe. Wir blieben also brav sitzen, um nicht in die Lücke zu fallen.

Nicht so unser Willy an der Posaune. Er hatte acht Takte Solo zu spielen, und als die Stelle kam, war nichts zu hören! Hugo schaute zu uns hoch und wir deuteten ihm an, dass Willy eine Etage tiefer liege. Er war aufgestanden, verlor sein Gleichgewicht und bumms war er abgestürzt. Ich schaute zu ihm runter und sah, er lag auf dem Rücken und hielt die Posaune mit einer Hand nach oben. „Nix passiert", rief er uns zu.

Oh Mann, da hätte er sich auch das Genick brechen können. Aber wie heißt es so schön: Kinder und Betrunkene...!! Alles war gut!

Durch die Lande zu reisen mit einem großen

Orchester empfand ich immer als „besondere Reisen". Entweder mit dem Bus bis zu 400 km oder mit dem Zug, wenn es darüber hinaus ging. Nach Berlin und Hamburg wurde natürlich geflogen.

Vier von den Saxophonisten spielten zusammen mit Hugo oft Schafkopf, ein Spiel, das man fast nur in Bayern spielt. In meiner Heimat spielt man mehr Skat, was ich als junger Mensch zum Zeitvertreib auch gelernt habe. Übrigens, die Gagen von den vorangegangenen Jobs wurden immer im Bus oder im Zug bar ausgezahlt. So hatte man immer Geld dabei, um sich es leisten zu können, mit den Musikern zu spielen.

Entweder im Speisewagen oder im Abteil saßen die Herren stundenlang und spielten um Geld. Nachdem ich öfter mal zugeschaut habe und langsam das Spiel begriff, durfte ich auch mitspielen. Anfangs haben sie mich ganz schön abgezockt. Da gingen zum Teil schon kleine Vermögen über den Tisch. Mit der Zeit aber hat sich alles eingependelt, und es ist wie bei den meisten, die Skat oder Schafkopf spielen; mal gewinnt der, mal der! Eine weitere Begebenheit, was das Reisen mit dem Zug betrifft.

Bei einer Reise zurück von Hannover spielte Hugo wieder mit uns Schafkopf in seinem Abteil. Kurz vor Nürnberg stand er aber auf und sagte, er wäre etwas müde und würde sich noch etwas in einem leeren Abteil weiter hinten ausruhen. Wir spielten weiter bis wir nur noch wenige Minuten bis in den Hauptbahnhof von München hatten.

Wir schauten uns an und wunderten uns, dass Hugo nicht wieder zu seinem Abteil zurückkehrte. Seine Jacke hing nach wie vor im Abteil. Jemand ging durch den Zug weiter bis nach hinten, um ihn zu suchen, aber Hugo war nicht zu finden.

Dann war klar, was passiert war. Hugo hatte sich in einen der letzten zwei Waggons hingelegt, war wohl eingeschlafen und hatte nicht mitbekommen, dass diese zwei letzten Waggons Kurswagen nach Garmisch Partenkirchen waren und somit nicht nach München fuhren. Da (*in Garmisch*) ist er dann angekommen, ohne Jacke, ohne Geld! Irgendwie hat er es geschafft, seine Frau anzurufen, die ihn dann nach Stunden von Garmisch geholt hat.

Bei jeder künftigen Zugfahrt bekam es Hugo natürlich aufs Butterbrot geschmiert. Eine wie ich finde nette Episode.

7.

Studioarbeit

Es gab in meiner Zeit bei Hugo noch viele andere Begebenheiten, und ich könnte geradezu ins Schwärmen kommen. Seine wunderbare Art kann durch ein weiteres Beispiel gut belegt werden.

An einem Abend im Deutschen Theater von München spielten wir wieder abwechselnd mit dem *Pasadena Roof Orchester*, sodass ich über eine Stunde Pause hatte, weil noch die Tombola stattfinden würde. Um das Theater und die Bühne aus einer anderen Perspektive kennen zu lernen, beschloss ich, in den vierten Stock des Zuschauerrangs zu gehen. Von dort oben waren die tanzenden Mensche doch ganz schön klein, die Bühne mit dem Orchester ebenso.

Ich setzte mich in eine freie Loge, als eine hübsche Dame zu mir kam und mich fragte, ob ich vielleicht ein Los für die heutige Tombola kaufen möchte. Es wäre die letzte Möglichkeit, denn die Verlosung würde bald losgehen. Der Lospreis sei 20.-- DM und angesichts der zu gewinnenden Preise auch angemessen, fand sie.

„Vielleicht haben Sie ja Glück", war ihre Animation.

Ich dachte eher, dass der Lospreis nicht

gerade billig war, aber einer hübschen Frau kann man ja nicht widerstehen. Und so kaufte ich dann doch ein Los.

Und wirklich, vielleicht zehn Minuten später, sah ich unten Alice und Ellen Kessler an der Lostrommel stehen und die Nummern aufrufen.

mit Alice und Ellen Kessler
- ein paar Tage später -

Die zehn Hauptpreise wurden jetzt angesagt. Ihr könnt euch schon denken, was passiert oder?

Der zweite Preis war ein Fernseher der damals neuesten Generation von Nordmende, sogar mit einer Fernbedienung. Die Nummer wurde genannt. Ich schaute auf mein Los... und genau die Nummer hatte ich!

„Wo ist der Gewinner?", riefen die Kesslers ins Mikro.

Ich war unterdessen schon im Renntempo unterwegs nach unten und kam ziemlich aus der Puste vor der Bühne an. Man prüfte mein Los, erkannte es als richtig an und zeigte mir den Riesenfernseher, den ich gewonnen hatte. Er stand auf einem Rollwagen, den man dann in einen Raum hinter die Bühne schob, wo er bis zum Schluss der Veranstaltung auf den Abholer, also mich, wartete.

Wir spielten bis um drei Uhr den Ball zu Ende, und jetzt hatte ich ein kleines Problem: Der Fernseher war der größte, den ich bis dahin gesehen hatte, und leicht war er auch nicht gerade. Da bot sich Hugo Strasser an und sagte:

„Ich helfe Dir den Fernseher in dein Auto zu bringen!" Hammer oder?

Jetzt schleppte er mit mir tatsächlich über viele Treppen das Gerät bis zu meinem Auto, welches gerade nicht unbedingt am Ausgang stand. Aber wir schafften es gemeinsam. Hugo gratulierte mir noch mal, und so fuhr ich mit meinem Fernseher nach Hause. Toll. Danke Hugo!!!

Durch meine Tätigkeit als 1. Trompeter bei Hugo Strasser kam es nun immer häufiger zum Einsatz in den Münchener Studios. Ich will hier jetzt nicht alle Studios nennen, in denen wir Musiker arbeiteten. Auch nicht die verschiedensten Künstler oder Produzenten, für die wir Aufnahmen machten.

Was wirklich für den Job als Studiomusiker wichtig war und immer noch ist, dass man zuverlässig erschien und seinen Part wenn möglich fehlerfrei spielte. In diesem Job gibt es kein Casting oder die Möglichkeit, einem Produzenten vorzuspielen.

Weitere Vorrausetzungen war natürlich, die entsprechende Stilistik der Musiktitel zu erkennen und dementsprechend umzusetzen. Studioarbeit hieß, in möglichst kurzer Zeit die Musik auf das Band zu bringen.

Die Studios wurden damals nach Stunden bezahlt, und jetzt kann man sich vorstellen, dass zum Beispiel ein Trompeter, der häufig kickst oder die Tonart nicht richtig beherrscht, in den Studios keine Arbeit mehr fand.

Was natürlich gut ankam bei den Arrangeuren oder Produzenten, wenn man kreativ mitwirkte. Das hieß, erfahrene Musiker machten Vorschläge zum Arrangement insofern, dass sie ein Vibrato einsetzten oder an bestimmten Stellen eine Oktave höher spielten. Manchmal war auch ein Shake sehr wirkungsvoll. Mit der Zeit kannte man *seine* Produzenten und wusste genau, bei welchen Kreativität angesagt war.

Die ganz guten Arrangeure schrieben aber in die Noten genauestens hinein, was und wie sie es gerne hätten.

Manche Wochen gab es keinen Tag, an dem man nicht in irgendeinem Studio gebucht war. Viel mehr braucht man nicht schreiben, um das Wesen der Studioarbeit zu verstehen. Wer hier bestand, hatte ein mehr als ein gutes Auskommen.

Da ich heute noch öfter in München spiele, weiß ich von guten Musikern, dass die ganzen Studios der damaligen Zeit nicht mehr existieren. Die Produktionen finden heute meistens nur noch bei den Produzenten zu Hause in eigenen Studios statt. Egal ob Dieter Bohlen, Frank Farian und all die bestimmenden Leute der heutigen Zeit - sie haben ihr Studio.

Die Technik ist weit fortgeschritten, Computer haben das Management in Mischpulten übernommen. Jeder Sound steht zur Verfügung. falsche Töne beim Gesang werden gerade gebogen und... und... und... Also auch hier enorme Veränderungen für die Musiker.

Von Studioarbeit zu leben, ist heute für die meisten Musiker nicht mehr möglich. In sofern durfte ich in einer Zeit leben voller interessanter und schöner Studioarbeit, die unwiederbringlich verloren ist.

8.

Der „Isar Express"

RALF WILLING und der isar-express

Es gab auch einige Monate, in denen das Orchester Hugo Strasser so gut wie keine Veranstaltungen spielte. Speziell die Sommermonate gehörten dazu. In den Monaten ab Mitte Mai bis Mitte September tat sich wenig. Die Wintermonate gehörten von Oktober bis Anfang April ausschließlich Hugo Strasser. Jedes Wochenende zwei Galas, dazwischen Fernsehsendungen und die vier LPs, die jährlich produziert wurden. In einem kompletten Jahr wurden etwas mehr als sechzig Galas gespielt. So weit, so gut.

Und wiederum tat sich für mich ein weiteres

Beschäftigungsfeld auf. Mein Freund aus den Anfangszeiten, der Schlagzeuger Günther, hatte sich in zwischen in München niedergelassen und spielte bei einer Band *Isar Express*. Das waren sechs Mann in der Besetzung Drums, Keyboard (*Hammond Orgel*), E-Bass, Gitarre, Saxophon/Klarinette und Trompete.

Genau diesen Trompeter sollte ich nach Günthers Meinung nun ersetzen. Ich hörte mir die Band bei einem Auftritt an und entschied mich, in diese Band einzusteigen. Sie spielten Dixieland à la der in Bayern bekannten *Hot Dogs* und konnten ein Festzelt zum Kochen bringen durch ein genau auf die Bedürfnisse des Publikums abgestimmtes Repertoire.

**Isar Express singt a capella
"La Montanara"**

Für mich war sehr wichtig, dass es keine Übereinstimmung mit Terminen bei Hugo gab, weil die Band genau in dem Sommerloch ihre Auftritte hatte.

Sehr schnell wurden wir eine musikalische Einheit und bestritten die Termine mit großem Erfolg, wozu ich – bescheiden wie ich nun mal bin – einen nicht unerheblichen Teil beitrug.

Spaß beiseite. Die Auftragslage vom *Isar Express* ging rasant in die Höhe, und auch die Gagen stiegen. Wir boten den Leuten eine Show und wirklich gute Musik. Entertainment wurde mehr und mehr integriert.

Was die Musikagenturen auch sehr schnell feststellten war, dass wir Künstler sehr gut begleiten konnten. Die Bunten Abende zu Jubiläen von Feuerwehr, Sportvereinen usw. waren äußerst beliebt, und alle möglichen Stargäste lockten die Besucher ins Zelt. Durch die Veranstaltung führten Humoristen und fantastische Conférenciers! Die Stars der damaligen Szene, die eine Veranstaltung nach der anderen absolvierten, waren:

Maria und Margot Hellwig, Franzl Lang, die Kirmesmusikanten, Chris Roberts, Tony Marshall, Freddy Breck, Die 3 Moosacher, Cindy und Bert, Tina York, Marianne und Michael, Takeo Ischi, die Moldau Mädels, Andy Borg, Gitti und Erika, Sepp Vielechner, Herbert Hisel, Maxl Graf, Ernie Singerl, Hansl Krönauer, die Kollmannsberger, Fred Ray mit seinem Pferd, André Carol, Uschi Bauer u.v.a.m.

**Isar Express mit Tony Marshall
und Sohn Pascal**

Dazu kamen eben die mehr oder weniger bekannten Artisten und Zauberkünstler, Bauchredner und Instrumentalisten wie die Weltmeisterin auf dem Akkordeon Christa Behnke.

Die Moderatoren - so sagt man ja heute - waren Frank Raimund, Fred van Geetz, Günther Fersch, Olaf King, Bernd Händl, Fips Assmussen und andere mehr. Einige Namen sind mir auch entfallen.

Es gab wirklich keinen bunten Abend ohne einen oder mehrere der Künstler, die ich hier genannt habe. Die Zelte waren proppevoll, die Stimmung grandios. Wer das nicht selbst erlebt hat, kann es kaum nachvollziehen.

Anders als heute saßen alle Generationen

aus den Ortschaften oder Städten, in denen wir auftraten, im Zelt. Es ging auch nicht um Lautstärke oder Non-Stop-Musik. Es war richtig gemütlich.

Wenn ich darüber nachdenke, dass unsere Anlage vom *Isar Express* anfangs mit einem Verstärker Namens *Gigant* von Dynacord mit gerade mal 100 Watt und zwei Boxen ein Zelt beschallte, unglaublich. Das Hallgerät war von Echolette und produzierten den Hall über eine Bandschleife. Das Schlagzeug wurde nicht mit 800 (*Spaß*) Mikrofonen verstärkt, die Orgel von Hammond hatte einen Leslie, der Bass und die Gitarre spielten über eigene Boxen und liefen nicht über die Anlage. Also, das ist schon bemerkenswert, mit wie wenig Equipment wir auskamen.

Unser Fahrzeug war ein Ford Transit, in dem wir sogar einen Tisch hatten. Alle Instrumente waren hinter den Sitzen verstaut.

Auf alle Fälle hat es sehr viel Spaß gemacht, solche Veranstaltungen zu spielen. Auch hier wurden die Künstler zu einer Familie, weil man sich ständig wieder traf in Stadt und Land bei Veranstaltungen und Tourneen.

Angenehm war es natürlich auch, dass man keine Proben mehr machen musste. Die Künstler wussten vorher, da spielt der *Isar Express* und konnten daher auch etwas später anreisen. Das sollte für mich in ferner Zukunft noch von großer Bedeutung sein. Aber dazu später.

9.

Horst Fischer und Hugo Strasser

Der beste Trompeter in Europa in den 50iger bis Anfang der 70iger Jahre war Horst Fischer. Ihn nicht gehört zu haben wäre vergleichbar, Jupiter in unserem Sonnensystem nicht zu kennen. Ja, er war ein Star, ein Superstar auf der Trompete.

Ich will jetzt hier nicht seine Biographie wiedergeben. Wer sich über ihn informieren will, kann das im Internet tun.

Sicher gibt es Menschen oder Musiker, die allein aus Altersgründen nie von ihm gehört haben. Seiner Bedeutung tat dies keinen Abbruch. Sein Ton, seine Höhe, seine Dynamik und die unglaubliche solistische Fähigkeit, bedingt durch seine hohe Musikalität, ist unbestritten unter Fachleuten.

Leider starb er sehr krank, verarmt und viel zu früh an seinem Alkoholismus 1986 im Alter von 56 Jahren.

Ich hatte die Ehre und Freude, Horst bei einem Studiotermin in München kennenzulernen. Wir machten Aufnahmen mit Hugo Strasser zu einer Fernsehsendung und spielten das Arrangement des weltberühmten Titels *Chribiribin* ein, wohl der bekannteste Hit von Horst Fischer.

Horst musste seine Trompete anschließend nur noch auf das fertige Playback einspielen. (*übrigens ist sein Auftritt in der Fernsehsendung in Youtube zu sehen. Einfach Horst Fischer mit Hugo Strasser unter Suche eingeben*)

In dem Technikraum des Studios verfolgte ich mit großem Interesse seine Einspielung. Er stand alleine vor dem Mikrofon und spielte ohne großes Federlesen den Titel ein, bis er zur Schlusskadenz kam. A capella blies er die berühmten Töne ein. Höher und höher erklomm er die Passage. Dann der letzte Sprung vom D3 zum G3. Aber - - - das G3 kam nicht !

Er versuchte es noch mal - - - es ging nicht.

Der Toningenieur brach die Aufnahme ab und entschied zusammen mit dem Arrangeur, dass Horst kurz vor der Fernsehsendung – ein paar Wochen später – den Ton am Schluss draufsetzen kann.

So geschah es dann auch.

An diesem Abend aber saßen wir noch lange zusammen im Vorraum des Studios. Trotz seines ziemlich alkoholisierten Zustand erzählte er etwas aus seinem Leben und vor allem von seinem Mundstück, dass ich vorher genaues-tens angeschaut habe. Er ließ es mich sogar ausprobieren, was ich in dem nun mittlerweile leeren Studio auch gemacht habe. Es war ziemlich klein, kein tiefer Kessel, und der Rand war nicht rund, sondern flach, etwa zwei Millimeter breit und scharfkantig. Ich erfuhr, dass er einen Freund im Schwäbischen habe, der ihm das Mundstück nach seinen Vorstellungen gedreht hat.

Obwohl das Mundstück nur eine Bohrung von drei Millimeter hatte, war der Ton voll und brillant. Meine Höhe war zudem strahlend und sauber bis zum H3 und erheblich leichter zu erreichen als mit meinem eigenen Mundstück. Ich wunderte mich, dass ich so gut mit ihm spielen konnte und bat Horst, mir doch die Adresse des Mundstückdrehers zu geben, was er dann auch tat.

Dieser Abend mit ihm ist fest in meinem Gedächtnis geblieben. Was Wunder, denn er sollte für mich und mein Leben von ent-scheidender Bedeutung sein. Um es anzu-deuten - im Positiven wie im Negativen.

Wenige Wochen später trafen wir uns dann wieder zur Aufzeichnung der Fernsehsendung.

Vielleicht eine halbe Stunde vor der Generalprobe stellte man plötzlich ein einsames Mikrofon auf die Bühne, und Horst Fischer erschien
in seinem dunkelblauen Smoking, um den
letzten hohen Ton auf seine Aufnahme zu
spielen.

In aller Seelenruhe wartete er auf das Ende
der Aufnahme, das Band spielte zum Kadenz-
ende, er wischte sich kurz über seinen Mund,
setzte an und spielte diese zwei Töne, ein
kurzes D3 mit dem Sprung zum G3 lange
anhaltend. Fertig. Wahnsinn!

Kurz erwähnt sei noch, dass diese Aufnahme
für eine LP im Studio nicht von Horst Fischer
vollendet wurde, sondern von meinem Nachfolger in der Hugo Strasser Band, Etienne Cap.

Das Band für die Sendung war fertig, und die
Generalprobe konnte beginnen. Nach der Aufzeichnung der Generalprobe saßen wir auch
an diesem Abend noch lange zusammen. Als
ich ihn fragte, ob es für seine Höhe einen besonderen Trick oder Dreh gäbe, sagte er mir,
dass er die Unterlippe über seine unteren
Zähne stülpe. Genau das Gleiche erzählte mir
viel später auch Etienne Cap.

An diesem Abend erzählte ich ihm, dass ich
in der Zwischenzeit nach Krauchenwies im
Schwäbischen gefahren sei und Max Heigl,
seinen Mundstückdreher, besucht hätte.

Jeden Tag wartete ich auf Post von Max,
denn er hatte mir versprochen, dass Mundstück
ähnlich dem von Horst Fischer mit kleinen

Änderungen anzufertigen. Nach der Endauf-
zeichnung am nächsten Tag sah ich Horst
Fischer zum letzten Mal und ein paar Jahre
später erfuhr ich über sein trauriges Schicksal
und seinen Tod.

Das Mundstück kam dann auch mit der Post
zu mir nach Hause, und voller Erwartung
probierte ich es aus. Hochzufrieden blies ich
fortan meine Trompete mit der Kopie eines
Horst-Fischer-Mundstücks.

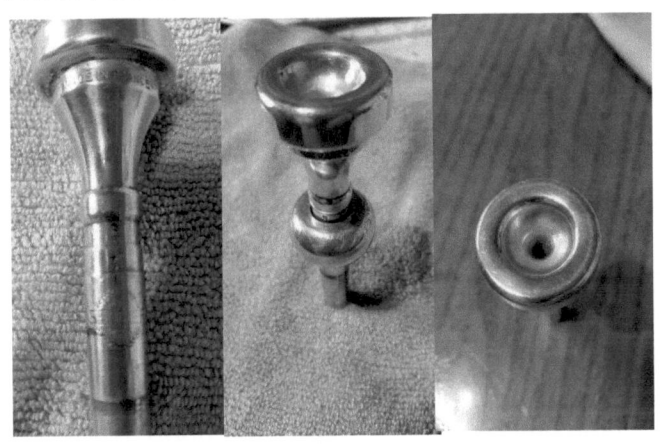

Mundstück - aber nicht das a la Horst
Fischer

Hugo Strasser und den Orchestermitgliedern
fiel die Veränderung sofort auf. Ich oktavierte
öfter und die Schlusstöne kamen kraftvoll bis
zum Ende von sechs Stunden Big Band
spielen.

Jetzt gab es aber da diesen 1. Trompeter bei Max Greger, Etienne Cap. Er war nur sieben Jahre älter als ich und blies höhenmäßig alles in Sack und Asche. Bei ihm konnte man sogar ein Fis 4 hören. Hammer !!

„Da kann ein Ralf Willing doch vielleicht auch hinkommen", dachte ich. Noch mehr üben? Das war es nicht. Die Ansatztechnik verändern? Nein, ich fuhr wieder zu meinem Mundstückdreher Max Heigl und ließ wieder kleine Veränderungen an dem Mundstück vornehmen.

Ja, und dann passierte eben das, was mein Leben so veränderte!!!

An einem Galaabend mit dem Orchester Hugo Strasser lief anfangs alles normal. Ich fühlte mich gut, spielte befreit auf, und wo es nur ging, oktavierte ich. Also für die Laien: Ein paar Passagen eine Oktave höher.

Bei einem Titel war der Schlusston ein B3, und plötzlich brach er ab. Ich konnte ihn nicht halten. Dann begann der nächste Titel und ich spürte, dass ich kaum noch einen richtigen Ton herausbekam. Die Lippe schmerzte heftig beim ansetzen, oh je...!

Sch..., was war los?

Spontan tauschte ich mit dem 2. Trompeter die Noten und bat ihn zu übernehmen. Irgendetwas würde mit meiner Lippe nicht stimmen.

Ich betastete die Oberlippe und stellte fest, dass in der rechten Hälfte der Lippe kein Gefühl mehr war. Ich stupste sie immer wieder an, aber spürte es nicht. Eine schlimme Ahnung befiel mich.

Da der Abend nicht mehr lange dauerte, machte sich niemand Sorgen außer mir um die Tatsache, dass mein Kollege die letzten Titel als 1. Trompeter spielte.

Wieder zu Hause angekommen, probierte ich am nächsten Tag sofort aus, wie und ob ich spielen konnte. Die ersten Töne kamen auch wieder, jedoch nach ein paar Minuten schmerzte die Lippe wieder und ich musste pausieren. Gott sei Dank hatte ich ein paar Tage frei und mein nächster Schritt musste sein, einen bekannten Münchener Arzt aufzusuchen.

Er untersuchte mich und meinte abschließend, ich solle mir am besten mal meinen Schnauzbart abrasieren, so könne er nichts feststellen.

Ein Telefonat mit Hugo bestärkte mich, nicht aufzugeben, und er empfahl mir, seinen Zahnarzt aufzusuchen, Dr. Krausenecker.

Mit ihm hatte ich etwas mehr Glück. Sein Verständnis für meine Situation war komplett anders als die des Arztes, der nichts feststellen konnte. Seine Diagnose war klar:

Der Ringmuskel in der rechten Hälfte der Oberlippe war gerissen. Ein Grund könnte die enorme Belastung durch das scharfkantige Mundstück mit seinem schmalen Rand sein im Zusammenhang mit der darunter liegenden kleinen Zahnlücke. Also hatte sich meine

Oberlippe durch die Belastung, besonders bei hohen Tönen, in diese Lücke hineingepresst, und der Ringmuskel konnte dem Druck nicht mehr standhalten und riss !

Sein Rat war, diese Lücke mit einer Brücke zu schließen. Dann würden statt zwei insgesamt drei Zähne unter der Lippe liegen, die damit eine ebene Auflage hätten.

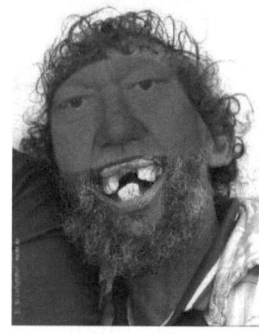

ein bisschen Spaß muss sein...

Sehr schnell wurde dieser Plan umgesetzt und führte tatsächlich zu einer sofortigen Verbesserung, zumal ich auch einen Mund-stückwechsel vornahm.

Gerne erwähne ich die Nachhaltigkeit dieser Aktion, denn bis heute, fast vierzig Jahre später, hält die Brücke ohne Probleme allen Belastungen stand.

Nicht so aber meine Lippe. Scheinbar ist eine solche Verletzung nicht komplett reparabel. Trotz Mundstückwechsel zu einem Jet Tone B2 mit einem breiterem und weicherem Rand erreichte ich weder die Höhe noch die

Ausdauer von vor der Verletzung.

Als Notlösung kam nun für kurze Zeit Dieter Mäder von Max Greger zu uns und spielte die 1. Trompete während ich mich mit der 2. Trompete begnügen musste. Zwar erholte sich meine Lippe in begrenztem Maße, sodass ich wenigstens diese Position behielt, aber an die 1. Trompete zu denken war weiterhin ausgeschlossen.

Schließlich wechselte Etienne Cap von Max Greger zu uns, und somit hatte ich wenigstens den Trompeter neben mir sitzen, der in Europa damals das Maß aller Dinge war. Wir verstanden uns ausgezeichnet in jeder Beziehung, und die Freundschaft weitete sich sogar auf unsere beiden Familien aus. Viele gemeinsame Studiojobs konnte ich zudem mit ihm bestreiten.

Doch in mir wuchs eine Entscheidung. Ich bin auf Dauer kein Mann, der gerne an der zweiten Position sitzt. So teilte ich nach einem knappen Jahr an der 2. Trompete Hugo Strasser mit, dass ich sein Orchester verlassen würde.

Hugo nahm meine Entscheidung zwar nicht gerade erfreut hin, aber respektierte sie mit großem Verständnis. Um das Thema Hugo Strasser hiermit abzuschließen möchte ich noch unbedingt etwas loswerden.

Auch heute noch, fünfunddreißig Jahre später, pflege ich mit Hugo unsere hoffentlich nie endende Freundschaft. Wir stehen nach wie vor in ständigem Kontakt, vor allem jetzt über Facebook. Seine Menschlichkeit, seine unglaubliche Musikalität muss jeden beeindrucken, der je mit ihm zu tun hatte. Ja, Hugo ist eine lebende Legende!

(Hugo Strasser ist leider am 17. März 2016 gestorben. Er stand bis drei Wochen vor seinem Tod immer noch auf der Bühne. Mit seiner Lebensgefährtin Eva Gehring bin ich nach wie vor eng befreundet)

Wir trafen uns vor wenigen Jahren hier in Passau, als er mit Max Greger und Hazy Osterwald im Rahmen seiner *Swing Legenden Tour* in der Dreiländerhalle gastierte. An diesem Abend machte er etwas, was ich ihm nie vergessen werde. Ich erzählte ihm beiläufig, dass es hier in Passau immer noch sehr viele Leute gibt, die Zweifel daran haben, dass ich einmal bei ihm gespielt hätte.

Bei einem unserer ersten Auftritte meiner *Alten Knacker Bänd* in der Passauer Redoute hatte ich den Leuten voller Stolz während einer Moderation erzählt, bei Hugo viele Jahre gespielt zu haben. Das Publikum reagierte mit ungläubigen Lachen so unter dem Motto: "Du kannst uns ja viel erzählen."

Nun saß ich also im Publikum in der Dreiländerhalle, als Hugo mitten im Konzert ans Mikrofon ging und folgende Ansage machte:

„Meine Damen und Herren, ich freue mich heute ganz besonders, im Publikum einen von mir sehr geschätzten Musiker begrüßen zu können, der vor vielen Jahren bei mir als 1.

Trompeter tätig war. Leider musste er aus privaten Gründen München verlassen, aber er war einer meiner besten Trompeter. Ich freue mich, dass er heute hier ist. Bitte Applaus für Ralf Willing!"

Der Scheinwerfer erfasste mich und die Leute klatschten frenetisch. Also erhob ich mich und winkte Hugo kurz dankend zu.

Seit dieser Zeit hat sich mein Ansehen hier in der Stadt erheblich geändert. Sogar meine Nachbarn, die in der Halle waren, kamen zu mir und sagten, das hätten sie nicht gewusst.

Der Oberbürgermeister der Stadt Passau gab mir noch an diesem Abend die Hand, und seitdem spiele ich vermehrt verschiedene Konzerte auch für die Stadt Passau.

Also, lieber Hugo, Danke!! Vielen Dank für deine Freundschaft!!! Ich werde dir stets ein ehrendes Andenken bewahren. Menschen wie dich gibt es viel zu wenige in unserer Welt!

10.

Die Zeit nach Hugo Strasser.

Nun war ich also 30 Jahre alt, die große Bühne der Musik hatte ich verlassen. Mein Leben war aber deshalb nicht durch Unsicherheit gekennzeichnet. Meine trompeterischen Fähigkeiten hatten sich durch den Riss des Ringmuskels zwar etwas verändert was Ausdauer und Höhe betraf, aber durch die schon vorher beschriebenen Maßnahmen war bei richtiger Einteilung meiner Kräfte immer noch ein G3 möglich. Die musikalische Erfahrung meines bisherigen Lebens sollte reichen, um nun die Leitung vom *Isar Express* zu übernehmen.

Diese Veränderung tat meinem Leben sogar sehr gut. Ein paar Schicksalsschläge wie die Scheidung von meiner ersten Frau und der frühe Kindstod meiner Tochter Jennifer hatten mir ganz schön zu schaffen gemacht.

An dieser Stelle möchte ich noch eine kleine Geschichte aus dem Jahr 1979 zum Thema Big Band einfügen.

Damals bot mir Max Greger an, sein Orchester zu übernehmen. Ihm wurde der Vertrag mit dem ZDF aus Kostengründen gekündigt. In mehreren Gesprächen konnte mir Greger aber leider keine Strategie oder überzeugende Argumente für die Übernahme liefern. Sein Sohn wollte diesen Job damals nicht machen und mir war klar, dass es nicht nur sehr schwer werden würde, ein solches Orchester auch finanziell überleben zu lassen, sondern dass die Leute lieber seinen Sohn als Bandleader sehen würden als einen Ralf Willing, den die breite Masse des Publikums ja nicht kannte. Das Orchester wurde dann aufgelöst. Wie schön aber, dass Max, Hugo und auch Paul Kuhn Jahre später als Swing-Legenden durchs Land reisten und vielen Menschen die Erinnerung an damalige Zeiten zurückbrachten.

Die neue Aufgabe mit dem *Isar Express* förderte in mir neue Kräfte und auch jede Menge Kreativität. Ein paar neue Musiker aus der Profiszene wurden integriert, was dem musikalischen Spektrum neue Möglichkeiten eröffnete. Die Band konnte fortan zweigleisig fahren. Zum einen nach wie vor als Attraktion in Festzelten, zum anderen hieß die Band nun im Winter bei Tanz und Gala Veranstaltungen, *„ Ralf Antony Showband".*

Warum Ralf Antony?

Ich kam darauf, als wir nach einem attraktiven Namen suchten, der den Leuten im Gedächtnis bleiben sollte. Das englische Namen zur Mode wurde, kam uns dabei entgegen. Es gab mal einen Trompeter Namens Ray Anthony. Klingt ja sehr ähnlich, aber der Hauptgrund kam aus der Zeit bei Tony Marshall.

Ralf Antony Showband

Ich war oft mit Tony in Baden Baden unterwegs, und wenn wir irgendwo zusammen auftauchten hieß es:

„Schaut mal - da sind Ralf and Tony!"

Das war eben dann meine Idee und wurde auch so von den Bandmitgliedern des *Isar*

Express für gut befunden.

Wir ließen tolle Fotos machen, ein super-farbiges Prospekt wurde allen Musikagenturen zugeschickt mit der Auswirkung, dass viele neue Verbindungen entstanden. Über Bayern hinaus kamen Spieltermine zustande, die allen Beteiligten eine finanzielle Sicherheit boten.

Die Basis hatte der *Isar Express* ja schon in den Jahren zuvor gelegt. In den Sommermonaten waren wir in Amerika und Kanada erfolgreich in deutschen Clubs unterwegs, spielten in den großen Städten eine Tournee mit *Lolita*. Die Festzeltjobs liefen weiter grandios mit teilweise zwanzig Terminen im Monat. Die Winterzeit anfangs der 80iger Jahre wurde jedes Jahr stärker gebucht, sodass wir 1985 schon 150 Termine spielten.

Besondere Höhepunkte waren mittlerweile auch das Spielen in großen Tanzschulen Bundesweit. Da kannte ich mich ja aus und schrieb spezielle Arrangements für die Band. Wenn dann zum Beispiel die Weltmeister im Standardtanz oder Lateintanz als Stargäste bei einer Tanzschule auftraten, konnten wir sie musikalische perfekt begleiten; im richtigen Tempo, mit den richtigen Taktzahlen, einfach so, wie sie es von Hugo Strasser her gewohnt waren. Das sprach sich natürlich schnell herum und wurde zu einem wichtigen Standbein für uns.

Die Musikanlage wurde beim Musikhaus Thoman in Treppendorf eingekauft, womit wir total up to date waren. Die Anlage hatte jetzt 4000 Watt, Hochtöner, Bass Subwoofer, 24-Spur-Mischpult, Multicord - also das volle Programm.

Das Aufbauen machten wir nicht mehr selbst, sondern wir beschäftigten auch zwei Rowdys, die mit einem kleinen LKW vor uns in den Spielorten ankamen und alles aufbauten. Nach und nach kam eine Lichtanlage dazu und natürlich ein Spot für die Show!

Unsere etwa halbstündige Show war ein weiterer wichtiger Bestandteil der Auftritte und erhöhte die Attraktivität der Band maßgeblich. Besonders in Berlin konnten wir damit punkten. Eine Agentur nahm uns exklusiv für Termine in Berlin unter Vertrag, die Agentur Gabbe!

Jahrelang spielten wir unter anderem für eine Traumgage im *Palais am Funkturm* die Silvester-Gala!

Im Grunde ist das *Palais am Funkturm* ja eine riesige Messehalle mit zwei verschiedenen Sälen. In dem größeren spielte zumeist eine Big Band, in dem etwas kleineren (*immer noch 1500 Gäste fassend*) wir. Einen Silvesterabend spielten wir abwechselnd auch mit Hugo Strasser. Wir beide fanden das richtig Klasse !

Weniger schön empfanden wir die Hin- und Rückreise durch die damalige DDR. Die Grenzkontrolle an den Wochenenden konnte manchmal sehr lange dauern. Bis die Pässe jedes Mal von der Schranke über ein Fließband zu den Grenzern kamen und ein Stempel in den Pass gedruckt wurde, ein Dilemma!

Auf der Hinreise machten wir meistens Rast an einer Raststätte, die am Hermesdorfer Kreuz lag. Hier gab es für wenig Geld einen Broiler (*halbes Hähnchen*), der sehr gut geschmeckt hat.

Die Menschen aus der DDR bezahlten mit Ostgeld, wir mit DM. Unsere Autos standen in der Zeit auf dem Parkplatz der Raststätte und wurden manchmal von einer ganze Traube von Menschen umgeben.

Dieses Gefühl der Bewunderung und Neugier der Menschen aus dem Osten für unsere Autos machte mich aber eher beklommen.

Wie oft sind wir nach dem Job in Berlin wieder heimgefahren. Meistens gegen fünf Uhr fuhren wir auf den schlechten Autobahnen brav unsere 100 km/h, um nicht von der Ostpolizei geblitzt zu werden. Da musste man höllisch aufpassen.

Trotz der für uns ungewohnten 100 km/h auf der Autobahn überholten wir die qualmenden und nach Zwei-Takt-Öl stinkenden Trabis. In Ihnen saßen die Menschen schon auf dem Weg zur Arbeit. Die Fenster waren beschlagen, fast alle rauchten, und das Fenster der Fahrertür war halb heruntergelassen.

Fährt man dagegen heute die gleiche Strecke, findet man die schönsten und besten Autobahnen, keine Grenzkontrollen, keine stinkenden Trabis mehr mit beschlagenen Fenstern und die vier riesigen Schornsteine bei

Bitterfeld sind auch verschwunden.
Deutsche Einheit!

Showtime

***"Babysitter Boogie" mit dem Musikanten
Express -   unten: "Alter Dessauer"***

11.

Marianne und Michael.

Ohne Umschweife gebe ich gerne zu, dass die meisten Termine im Jahr Marianne und Michael gehörten. Schon in den Jahren 1976 bis 1980 begleiteten wir sie durch ihre rasant zunehmende Popularität sehr häufig bei ihren Auftritten in Festzelten.

Zwei große Musikagenturen aus Bayreuth und Stuttgart buchten uns nun in der neuen Formation ab 1980 immer häufiger als Paket mit M + M. Dazu kam jetzt auch im Frühjahr die jährliche Tournee *Könige der Volksmusik* mit etwa dreißig aufeinander folgenden Tagen.

Ihre Fernsehpräsenz war derart gut gemanagt, dass sie bald zum beliebtesten Duo der Volksmusik wurden. So war auch mein *Isar-Express* in großen Abendshows wie *Die Hitparade der Volksmusik* u.a. zu sehen. Es war wieder einmal *die Post im Walde,* die ich in dieser Sendung zum Besten gab.

Der *Isar Express* hatte drei Monate vor der Sendung von der *Teldec* einen Schallplatten-vertrag erhalten, und eben auf dieser LP war *die Post im Walde* zu hören.

Was mich besonders gefreut hat ist, dass der Bertelsmann Verlag in Gütersloh *die Post im Walde* und meine Komposition *Trompetenlau-nen* zusammen mit Walter Scholz, Ernst

Mosch, den Alpenoberkrainern auf eine LP presste, die über den Verlag Bertelsmann und seine vielen Buchclubs erhältlich war. Der Name der Schallpatte war *Triumphierende Trompeten*! Wie ich durch die GEMA erfuhr, wurde diese LP über 110.000 mal verkauft. Das war jetzt noch keine goldene Langspielplatte (*damals 250.000*), aber immerhin erwähnenswert.

1990 - Vorstellung LP mit Marianne und Michael bei Teldec

Eines Tages wurde mir schlagartig bewusst, was es bedeutete, eine oder mehrere eigene Kompositionen auf einer solchen LP zu haben, die sich gut verkauft.

Ich ging zu meiner Bank, um die Kontoauszüge zu kontrollieren. weil die GEMA mir einen Betrag überwiesen hatte. Die Summe im hohen fünfstelligen Bereich war dahinter mit einem S gekennzeichnet. "Ah", dachte ich, "das sind Tantiemen aus Österreich in Schilling." Als ich den Kontoauszug in den Händen hielt sah ich, dass die Summe in DM überwiesen worden war. Das „S" stand für Soll bei der GEMA.

Man kann sich leicht vorstellen, wie sehr ich mich gefreut habe. Interessant ist in diesem Zusammenhang, dass *die Post im Walde* zwar einen Komponisten hat, wird aber als Traditional abgerechnet, weil der Komponist länger als 70 Jahre tot ist. Das hieß, ich bekam den vollen Anteil, wie der Komponist ihn erhalten hätte, wenn er noch leben würde.

Meine Schlussfolgerung anhand der GEMA-Abrechnung hieß, dass ich es leider zu spät erkannt und nicht gewusst habe, welche Möglichkeiten sich da schon immer geboten hätten.

Ich habe mir dann mal überlegt, welche Abrechnungen berühmte Musiker wie James Last, die Beatles oder zum Beispiel auch Hugo Strasser von der GEMA erhielten. Die berühmten Künstler hatten allesamt sehr hohe Verkaufszahlen von ihren LPs oder CDs zu verzeichnen. Auf ihnen befinden sich in der Mehrzahl eigene Kompositionen oder Traditionals!

Die Blütezeit hoher Verkaufszahlen waren die Jahre 1970 – 2000!! Ein James Last hat insgesamt 150 Goldene Schallplatten oder CDs bekommen. Eine unglaubliche Arbeit steckt hinter solchen Zahlen. Komponieren, arrangieren und die vielen Aufnahmen im Studio. Für Laien kaum vorstellbar.

Aber ich erkenne dies neidlos an, und jede Mark und jeder Euro sei den Künstlern gegönnt.

Die Urheberrechte sind ein hohes Gut und gehören geschützt. Ich erinnere gerne daran, dass in früheren Zeiten ohne Computer, und noch früher ohne die genauen Überwachung von Urheberrechten viele Komponisten und Autoren jämmerlich in großer Armut gestorben sind.

Nebenbei, die Blütezeit der CD ist vorbei. Die Verkaufszahlen erreichen nicht mehr ansatzweise die früheren Erfolge. Die Welt der Medien hat alles verändert. Der Computer mit dem Internet ist das Medium der heutigen Zeit. Die Folge der einbrechenden Einnahmen durch Tonträger von Superstars sind auch ganz klar definiert. Es sind die Tourneen und Großveranstaltung in Stadien mit bis zu 100.000 Zuschauern. Hier verdienen sie jetzt das große Geld. Aber Big Bands oder Instrumentalisten findet man auf den großen Bühnen oder in Stadien nicht!

So hat sich alles verändert. Ich beklage es nicht, stelle nur fest. Es wird in jeder Zeit und auch in der Zukunft Veränderungen geben. Das ist ganz normal!

Nun gut, ich habe auf jeden Fall Marianne

und Michael einiges zu verdanken. Die Gala-veranstaltungen im Herbst mit dem Duo wurden ebenfalls häufiger. Große Firmen buchten Marianne und Michael für ihre Betriebsfeiern, weil die beiden nicht nur sangen, sondern sehr witzige und kurzweilige Moderation boten.

Bei einer großen Vertriebsfirma, die Reisen im großen Stil verkauften, waren wir wochen-lang von Montag bis Donnerstag *in Concert*!

Besonders schöne Termine spielten wir im wunderschönen Kuppelsaal in Hannover oder in der Stadthalle in Kassel.

Wenn ich an Kassel denke, fällt mir sofort die Ausfahrt Kassel-Ost ein. Ich fuhr einige Jahre einen sehr schnellen Omega 3000, der leicht bergab auch schon mal laut Tacho 260 km/h lief. Von Fulda kommend geht es kurz vor der Ausfahrt ziemlich den Berg hinunter. Ich sagte meinen Kollegen:

„Anschnallen bitte, wir landen gleich!".

Sie kannten das schon, hielten sich fest, denn ich kam mit Höchstgeschwindigkeit an die Ausfahrt und bremste ziemlich brutal erst kurz vorher.

Man bekam bei diesem Bremsmanöver einen guten Eindruck davon, wie es den Rennfahrern ja alle paar Sekunden auf einer Rennstrecke geht. Ja, das Kind im Manne, zu dieser Zeit noch ziemlich ausgeprägt. Mir hat es Spaß gemacht! Meine Kollegen brauchten nur gute Nerven.

Ich kann mir gut vorstellen, dass so manche

Leser bei Schilderungen dieser Art mit dem Kopf schütteln. Dazu möchte ich bemerken, ohne die vielen Kilometer im Laufe meiner Musikertätigkeit hätte es mir nicht halb so viel Spaß gemacht, wirklich! Jeden Kilometer habe ich genossen, und so ist es auch heute noch.

1981 - 100.000 km

46 Autos, mit denen ich nachweisbar über 3.200.000 Millionen Kilometer gefahren bin, sind auch für mich im Nachhinein eine erstaunliche Zahl. Eine Liste mit den Autos, den dazu gehörigen Kennzeichen, Kaufpreisen und zurückgelegten Kilometern befindet sich in meinen Unterlagen.

Etwas stolz bin ich darauf, alle Fahrten bis heute unfallfrei gefahren zu sein. Dass dazu auch Glück gehört ist klar. Ich will hier darauf verzichten, einige dieser für mich glücklichen Situationen zu schildern, die durchaus gefährlich waren und anders hätten enden können. Für dieses Glück bin ich mehr als nur dankbar. Ich hoffe, noch knapp zwei Jahre unfallfrei zu sein, um dann eine Medaille und Auszeichnung für 50 Jahre unfallfreies Fahren zu erhalten. Dies ist eines meiner noch kleineren, aber noch wichtigen Zielen.

Die Gigs - wie wir Musiker heute sagen - ohne Marianne und Michael kann man etwa auf die Hälfte im Jahr beziffern, und so langsam kamen wir mit über 200 Auftritten zahlenmäßig an unsere Grenzen. Entsprechend stieg das Einkommen, die Steuern und Ausgaben. Die Autos mussten mehrmals im Jahr zur Inspektion oder bald gewechselt werden, aber unsere Familien machten das alles mit. Einen Urlaub von zwei Wochen zu buchen, war nicht möglich. Die Sommerferien in Bayern waren voll mit Terminen. So flog man dann mal in der Vorweihnachtszeit in Urlaub.

Dies sollte sich auch so schnell nicht ändern. Im Gegenteil. Jetzt kam im Herbst auch noch die große Tournee mit 90 Terminen dazu. *Die Lustigen Musikanten unterwegs.* Moderation Marianne und Michael.

Eine große Künstleragentur sorgte für die zu engagierenden Künstler, Terminierung, Hotelreservierungen, Bühnentechnik usw. Alle großen Hallen in Deutschland waren ausverkauft, die Resonanz riesig.

Die Original Kapelle Egerland, die Alpen-oberkrainer (*früher Alpski*), Freddy Breck, die Kastelruther Spatzen, das Medium Terzett, Walter Scholz, Takeo Ischi und natürlich Marianne und Michael sowie ich mit meinem *Isar Express* standen auf der Bühne.

Bei einigen Terminen waren noch weitere Stargäste in der Show, weil manche der fest gebuchten Künstler eine Fernsehsendung hatten. Vertraglich war nämlich vereinbart, dass eine Fernsehsendung Vorrang hatte. Die Show dauerte mehr als dreieinhalb Stunden.

Eine Tournee mit neunzig aufeinanderfolgenden Tagen schweißt die Künstler wie in einer Familie zusammen.

Manche Erlebnisse bleiben aber auch negativ im Gedächtnis. Ich kann und will jetzt nicht den Namen nennen, aber einer der Stargäste rief eines Tages alle Mitwirkenden auf, in seine Garderobe zu kommen. Er müsse ihnen unbedingt etwas zeigen. Neugierig wie man ist, folgte man seinem Aufruf.

Ich konnte kaum glauben, was ich zu sehen bekam. Er begrüßte uns mit den Worten: „So etwas habt ihr sicher noch nie zu sehen bekommen, schaut mal her!"

Auf dem Garderobentisch vor dem Spiegel saß seine Freundin. Ich weiß noch, sie hatte ein Trachtenkleid an. Dann öffnete er seinen Gürtel, ließ seine Hose auf den Boden fallen und hob das Kleid seiner Freundin an. Sie hatte kein Unterhöschen an, und man konnte ihr in den Schritt sehen. Dann trat er zwischen ihre Beine, drehte sich lächelnd um und drang in sie ein. Tatsächlich, er vögelte seine Freundin vor den Augen der Umherstehenden. Die meisten verließen die Garderobe ohne Worte. Ein paar blieben und schauten ihm zu.

Meine Meinung?

Ich habe nie wieder eine solche Szene gesehen, die eine Frau so entwürdigte. Aber scheinbar war sie vom gleichen Schlag wie der Künstler selbst. Später habe ich erfahren, dass diese Frau einmal eine Prostituierte gewesen ist. Na dann!!! Gut Schuss!!!

Wenn ich schon mal dabei bin, derartige Erinnerungen niederzuschreiben will, ich auch erwähnen, dass ein anderer Vorfall bei einer anderen Tournee uns Künstler noch mehr zum Schmunzeln brachte als die vorangegangene Geschichte.

Ein sehr bekannter Künstler, der auch als Homosexueller bekannt war, lief eines Nachts in einem Hotel einem anderen Mitwirkenden hinterher mit den Worten:

„Wenn ich dich erwische, fick ich deinen Arsch!"

Wir wurden Zeugen einer kurzen Verfolgungsjagd in dem Hotel, die damit endete, dass der Verfolgte sich in seinem Zimmer einschloss und an diesem Abend nicht mehr auftauchte.

So, und nun wieder zurück zu dem wesentlichen Teil meiner Ausführung, der Tournee.

Nach der Pause hatte ich mit meinem *Isar Express* Showtime. Auch hier wieder als Solo *die Post im Walde* abwechselnd mit dem *Alten Dessauer,* wenn Walter Scholz an einigen Terminen wegen anderer Verpflichtungen nicht auftreten konnte.

Die Höhepunkte der Show wurden von meinen Musikern durch die insgesamt einundzwanzig möglichen verschiedenen Instrumente in vielfältiger Weise konzipiert. Zudem konnte das Publikum herzlich über die witzigen Einlagen lachen. Diese Showtime wurde - und ich übertreibe nicht – vom Publikum begeistert gefeiert.

Aber dies hat einigen wenigen Mitwirkenden überhaupt nicht gepasst. Ich nenne keine Namen. Auf Intervention - oder sagen wir ruhig *Protest* von Künstlern an den Veranstalter - trat man also an mich heran und bat mich, unsere

Showeinlage nach der Pause zu kürzen.

Jetzt war es natürlich so, dass ich mich dem Anliegen beugen musste, denn die Leute kamen ja nicht wegen uns in die Hallen, sondern wegen Marianne und Michael und den berühmten Stars. Das machte man mir auch ganz klar. Geärgert haben sich meine Musiker und ich natürlich trotzdem.

Wir wussten natürlich auch genau, wem wir dies zu verdanken hatten. Egal, es wurde gekürzt. Meine Frau, die mich öfter begleitet, hat dann mal die Conférencen mitgestoppt, die zwischen den Künstlern und Musikstücken gehalten wurden. Dabei kam sie auf einen Wert von über einer Stunde und zwanzig Minuten. OK - es ist Vergangenheit. Aber uns kürzte man um die Hälfte, die Musik hatte darunter zu leiden, aber die Redezeiten blieben ungekürzt.

Ab diesem Zeitpunkt gab es hinter den Kulissen großen Ärger, das Verhältnis war gestört, was spätere Auswirkungen haben sollte.

Ich kann und will auf die Einzelheiten aus rechtlichen Gründen nicht weiter eingehen, nur soviel sei gesagt:

In den Illustrierten erschienen große Berichte, dass der Startrompeter und Orchesterchef Ralf Willing revoltierte. Nun lernte ich auch die negativen Seiten einer einseitigen Berichterstattung kennen. Journalisten kamen zu mir ins Haus und führten ein Interview über meine Revolte. (*allein schon der Begriff Revolte war übertrieben und traf nicht die Realität*)

Was ich später zu lesen bekam, war aus dem Zusammenhang gerissen und durch Interviews anderer Künstler in deren Sinne dargestellt. Schwamm drüber. Wer die heutigen Illustrierten liest, die in den Arztpraxen den Patienten die Zeit vertreiben sollen oder eben die Yellow Press verfolgt weiß, dass der Hintergrund der meisten Berichte über Stars erfunden und erlogen ist. Daran stört sich bis heute die Mehrheit der Leser nicht. Hauptsache, die Schlagzeilen machen neugierig. Hier wird meines Erachtens dem Voyeurismus gedient.

Ausschnitt aus der "Freizeit Revue" unter dem Titel "Star-Trompeter bläst zum Angriff gegen Marianne & Michael"

"Ein Streit wie im Komödienstadl. Kostproben:
Willing: Der Michael hat mir auf der Bühne das Licht und den Ton abgestellt.
M & M: Wir haben Besseres auf der Bühne zu tun. Für technische Probleme können wir ja wohl nichts.
Willing: Der Michael hat meiner Susanne eindeutige Angebote gemacht.
M&M: Diese Frau stiftet Unruhe, hat den Ralf total verändert. Früher war er so nett.
Willing: Die Marianne hat meiner Frau die Garderobe verboten, obwohl wir den Raum gemeinsam hatten.
M&M: Schmarrn! Uns war des Wurscht, ob die

Susanne da war oder net

Willing: Der Michael hat meine Soloparts gestrichen, weil er auf meinen Erfolg neidisch war.

M&M: Wir mussten streichen, weil der Veranstalter ein kürzeres Programm wollte. Logisch, dass man nicht am Hauptkünstler streicht. Die Leute kommen schließlich wegen uns und nicht wegen dem Begleitorchester.

Willing: Der Michael hat mir eine Schallplattenproduktion versprochen und den Vertrag nicht eingelöst.

M&M: Unter diesen Voraussetzungen kann man ja auch keine gute Produktion machen.

Willing: Eigentlich sollten M & M meine Trauzeugen sein. Aber sie haben nicht mal zur Hochzeit gratuliert.

M&M: Wir wünschen dem Ralf von Herzen viel Erfolg, auch mit seiner Frau. Schließlich ist es seine dritte."

Ende "Freizeit Revue".

Von einem besonderen Job als Galaband muss ich noch berichten. Der Chef eines Zeitungsvertriebes engagierte uns für eine Weihnachtsfeier in einem Hotel. Unser Vertrag lief über eine Spielzeit von 20.00 – 2.00 Uhr. Schnell stellten wir fest, dass es sich um eine Firma handelte, die lauter *Drücker* beschäftigten. Das sind diese aufdringlichen Leute, die zu einem nach Hause kommen und versuchen, dir ein oder mehrere Abos aufzudrängen.

Die Drücker saßen geordnet nach ihren Kolonnen an Tischen und mussten sich erst mal eine Standpauke anhören, wie schlecht sie denn gewesen waren in dem vergangenen Jahr. Sie sollten sich gefälligst ein Beispiel nehmen an den Besten, die an besonderen Tischen saßen. Diese *Besten* wurden dann vom Chef ausgezeichnet und bekamen Geschenke - Rolex Uhren, Goldbarren, Fernseher - also unglaublich wertvolle Dinge.

Um etwa 21.00 Uhr begann dann das große *Fressen* im wahrsten Sinne des Wortes. Wir spielten dazu Weihnachtslieder, die ich extra arrangiert hatte. Die vielen Gänge des Menüs zogen das Essen über vier Stunden hin, wobei zwischen den einzelnen Gängen der Chef neue Mitarbeiter vorstellte oder einen Monolog hielt. Kurz vor dem Dessert kam er dann zu mir und sagte, wir sollten noch ein paar Weihnachtslieder spielen und fügte frech hinzu: „Oder habt ihr keine mehr?"

Nun, ich bin ja auch nicht gerade aufs Maul gefallen und sagte wörtlich:

„So lange können Sie gar nicht essen, wie wir Weihnachtslieder spielen können!"

In Wirklichkeit hatten wir nur noch ein einziges. Aber ich sah das Dessert kommen und wusste, lange werden sie nicht mehr brauchen.

Gegen 1.00 Uhr fingen wir dann an, Tanzmusik zu machen. Schnell war es 2.00 Uhr, und wieder kam der Chef und sagte:

„Spielen Sie fleißig Tanzmusik, bis ich das Ende bekannt gebe. Was kostet denn die Überstunde?"

Ich sagte, dass jede weitere Stunde 1.500.-- DM kosten würde.

Er gab sein OK, und so spielten wir bis 6.00 Uhr morgens. Vier Überstunden, super! Finanziell war es einer der besten Jobs für uns Musiker, von der Veranstaltung, dem Chef sowie dem Publikum her der unangenehmste.

Das absolut Positive aus der Zeit als Begleitband von Marianne und Michael war die finanzielle Sicherheit, die Unabhängigkeit und Selbstbestimmung aller anderen Termine als

Ralf Antony Showband. Und auch etwas Persönliches:

Meine spezielle Freundschaft zu Michael.

Viele lange Jahre waren wir wie Brüder, lachten und scherzten, bis unsere Lachmuskeln weh taten, haben viele gute Ideen entwickelt und freuten uns über jede Stunde des Zusammenseins. Bis auf drei Wochen waren wir übrigens gleich alt. Michael am 18.3.49 geboren, Sternzeichen Fisch, ich am 25.2.49, Sternzeichen ebenfalls Fisch.

Nach der jahrelangen Zusammenarbeit mit meinen Musikern beim *Isar-Express* änderte sich auch hier etwas im Bewusstsein meiner Musiker. Unsere Musik, die Arrangements und der Erfolg vor allem bei Galaveranstaltungen als *Ralf Antony Showband*, stieg ihnen zu Kopf. Sie wollten keine Veranstaltungen mehr spielen, die in Richtung Volksmusik gingen. Also keine Festzelte und dergleichen.

„Na gut", dachte ich, "dann trennen wir uns halt".

Wir spielten noch einige Veranstaltungen zusammen, dann waren sie frei, ebenso wie ich. Ja, es hat weh getan, ich gebe es zu. Aber ihnen war eines nicht bewusst. Sie hatten ihren Leitwolf verloren. Es hat nicht lange gedauert, dann war die Zeit des *Isar-Express* Vergangenheit.

12.

Ralf Willing und sein Musikanten-express.

Ich begann mit dem Neuaufbau meiner Band und fand schnell sehr gute Musiker, die sich mir anschlossen. Zwei Profis vom Orchester German Hofmann, der Schlagzeuger Otti Bauer und der Gitarrist, die auch einen Keyboarder mitbrachten. Dann gesellte sich ein super Bassist aus München sowie ein exzellenter Saxophonist aus Würzburg, Christian Schmelzer, dazu.

Der neue Name meines kleinen Orchesters war *Ralf Willing und sein Musikantenexpress*!

Musikanlage, Lichtanlage, Kleidung, Pulte,

ein Lkw, alles wurde innerhalb kurzer Zeit von mir gestellt. Die Noten hatte ich ja aus meiner vorherigen Zeit schon im Gepäck. Einen sehr guten Tontechniker, der gleichzeitig für den Auf- und Abbau zuständig war, konnte ich auch gewinnen. Nichts stand einem Neuanfang entgegen. Ich beauftragte einen Fotografen für die Autogrammkarten, die vom Musikhaus Thoman gesponsert wurden.

Dann begannen die Proben in der Nähe von Schweinfurt. Das Verständnis war von der ersten Minute an hervorragend. Selbst eine Show war in kürzester Zeit geboren.

Eine lustige und gute Idee kam uns, als wir bei den Proben meine Trompetenshow ein-übten. Ich spielte mit meiner kleinen Baby-Trompete und einem Dämpfer den *Baby Sugar Blues„*. Dieser Titel hat seit jeher einen be-sonderen Nerv beim Zuhörer getroffen. Die Baby-Trompete ist nur ein Drittel so groß wie die normale Trompete, obwohl sie den gleichen Klang hat. Sie ist halt nur klein und sehr eng gebaut. Wenn ich den Titel angekündigt habe, erzählte ich den Leuten eine lustige Geschichte dazu, die sich so anhörte:

„Meine Damen und Herren, ich möchte Ihnen gerne meine Trompetenfamilie vorstellen. (*Ich zeigte die normale Trompete*) Schau'n Sie, das ist der Papa der Familie. (*Ich nahm das Flügelhorn*) Und das ist die Mama. (*Die Leute schmunzelten)* Jetzt stellen Sie sich vor, was passiert ist. Die beiden Instrumente liegen seit

Jahren zusammen in meinem Trompetenkoffer. Als ich ihn vor kurzem öffnete, *(hinter meinem Rücken hielt ich inzwischen die Babytrompete)*, lag plötzlich dieses Baby darin." *(Ich zeigte das Baby)*

Das Publikum lachte jetzt über diese witzige Geschichte, und man hörte deutlich das *Ah* und *Oh!* Ich sprach weiter:

„Nun werde ich auf diesem Baby spielen, und Sie werden hören, es klingt auch wie ein Baby. Ganz am Schluss von dem Lied müssen Sie gut aufpassen und ganz leise sein ,denn dann spricht es auch noch so und wird *Mama* sagen!"

Die Musik erklang, und die Babytrompete mit dem Dämpfer hatte diesen süßen feinen Klang. Ganz am Schluss nahm ich dann meine Hand vor den Dämpfer und erzeugte mit einer Handbewegung und meinen Lippen einen Wau-Wa-Effekt. Ja, das hörte sich dann tatsächlich wie *Mama* an!

Es ist schon interessant. Wenn man nach einem Konzert mit den Leuten sprach, hieß es aber immer:

„Die Babytrompete - das war so schön"

Auch heute noch spiele ich den *Baby Sugar Blues* und die Reaktionen sind noch genauso wie vor dreißig Jahren.

Wie gesagt, die Proben zur Show brachten durch die Babytrompete eine weiteren Showteil hervor. Otti sagte: „Dazu würde gut mein kleines Schlagzeug passen!" - und dann kamen die Musiker mit einem winzigen Akkordeon, einer kleinen Gitarre, einer Mini-Posaune und einem Mini-Saxophon.

Bei unseren Auftritten kündigten wir während der Show an, dass wir ja alle schon sehr früh angefangen hätten Musik zu machen. Allerdings auf kleinen Instrumenten.

„Wir spielen Ihnen jetzt mal vor, wie es geklungen haben müsste, wenn wir schon damals als Kinder zusammen gespielt hätten.

Otti am Schlagzeug nahm einen Schnuller in den Mund, wir setzten uns Zipfelmützen auf und spielten dann auf unseren kleinen Instrumenten das *Trompetenecho*! Und das Publikum klatschte und tobte, dass es eine wahre Freude war.

Also alles gute Aussichten für die Musik- und Künstleragenturen, die darauf warteten, uns in die Jobs zu bringen.

Ja, und der Start gelang. Die ersten Termine absolvierten wir den Erwartungen gemäß erfolgreich. Wir hatten so viele Geschäfte, dass sich alle Investitionen, die ich getätigt hatte, amortisierten. Meine Bank war sehr dankbar.

13.

Heino und Ralf.

Die geschäftlichen Verbindungen aus früheren Zeiten bestanden nach wie vor und andere taten sich neu auf. Dann traten Heino und Hannelore in mein Leben. Heino kannte ich bis dahin wirklich nur vom Fernsehen. Natürlich kannte man seine Hits, aber ich hatte keine Ahnung, wie er privat oder menschlich war.

Auf Empfehlung einen Musikmanagers trat er an uns heran, ob wir ihn musikalisch begleiten könnten. Musik ist auch ein Geschäft und jeder Job ist uns willkommen. Um so mehr, wenn es sich um einen Star handelt.

Heino mit dem Musikanten Express

Er stellte uns in Aussicht, eine Tournee durch Deutschland zu spielen, wenn alles so klappen würde, wie es die musikalische Begleitung seines Repertoires erfordere.

Eine erste Veranstaltung mit ihm leitete sein persönlicher jahrelanger Freund Hans von Hall, der alle Arrangements für Heino schrieb und auch die Probe leitete.

Dann kam Heino zu seinem Auftritt auf die Bühne, und alles lief zu seiner besten Zufriedenheit. Ich war auch ein bisschen stolz auf meine Musiker, die das hervorragend machten. Klang so, als hätten wir nie etwas anderes gespielt. Was mich persönlich erstaunte:

Heino sang nicht nur seine großen Hits, sondern auch Titel von Mozart oder das *Riesengebirgslied*. Eine breite Palette von Musik, die ich so von ihm nicht kannte.

Seine Stimme hat mich bei dieser Musik sofort überzeugt. Ich dachte auch später öfter, dass er sicher einen sehr guten Bariton in der klassischen Musik abgegeben hätte.

Die Tournee durch Deutschland war somit also gesichert, was uns außer den eigenen Terminen geschäftlich weit nach vorne brachte.

Aber Heino ließ nicht nach. Im Gegenteil. Nun stand als nächstes eine Tournee nach Amerika an. Damit kannte ich mich ja durch frühere Tourneen bestens aus.

Wie groß seine Anhängerschaft vor allem bei den deutschstämmigen Amerikanern war, sollte ich bald erfahren. Man hatte das Gefühl, als versinnbildliche Heino alle Tugenden eines Deutschen.

Ich hatte bis dahin auch keine Ahnung gehabt, dass es in Amerika jede Menge deutsche Bäcker und Metzger gab sowie Hofbräuhäuser und deutsches Bier. In den Disney Worlds gab es ganze nachgebaute deutsche Städte mit Fachwerkhäusern.

Durch die Globalisierung und die Medien wissen wir das heute, aber vor fünfundzwanzig Jahren war dies bei uns in Deutschland noch nicht so bekannt. Heino wurde wirklich über alle Maßen umjubelt, Standing Ovation war der Normalfall.

Der größte Auftritt aber stand uns noch bevor. Es ging außerhalb von New York nach New Jersey. Dort gibt es das *Garden State Arts Center* mit einem Amphitheater. Unsere Crew wurde dort herzlich empfangen von einem Team, das sich um die Technik und den Aufbau kümmerte.

Als ich meinen Trompetenkoffer nahm, um auf die Bühne zu gehen, hielt man mich an und sagte mir:

„No no, you don`t work here!"

Der Mann nahm meinen Koffer, ich stapfte hinterher und deutete ihm, wo er ihn hinzustellen hatte. Die Leute, die dort arbeiteten, waren alle einer Gewerkschaft unterstellt und achteten genauestens darauf, dass ihnen niemand die Arbeit wegnahm.

Heinos Auftritt sollte um 15.00 Uhr beginnen.

Wir hatten die Bühne ca. gegen 11.00 Uhr erreicht. Um 12.00 Uhr legten die Arbeiter schlagartig alles aus der Hand. Erst nach einer Stunde Pause begannen sie mit dem weiteren Aufbau der Bühne.

Natürlich fand auch ein Soundcheck statt. Das Ungewöhnliche daran war, dass dieses Amphitheater mit einem Fassungsvermögen von 10.500 Menschen eine Akustik hatte, wie ich es noch nie gehört hatte. Ich ging die Stufen bis zum obersten Rand der Zuschauerränge hoch, schaute auf die Bühne, die von hier oben sehr klein aussah, aber ich hörte jeden Ton, der da gesprochen wurde, ohne dass eine Tonanlage eingeschaltet war. Fantastisch.

Das Konzert war komplett ausverkauft und fand bei schönstem Wetter statt. Das Publikum jubelte Heino zu, sang sogar die alten deutschen Volkslieder mit oder lauschte andächtig seinen Balladen und klassischen Liedern. Natürlich wieder Standing Ovation, sodass wir viele Zugaben spielen mussten. Bei der anschließenden Autogrammstunde wurden Unmengen von Heinos-LPs verkauft.

Alles in allem ein toller Erfolg für Heino und die Veranstalter.

Als Musiker erlebt man einfach viele schöne Stunden, kommt in viele Länder, lernt unglaublich viele nette Menschen kennen und wird sogar bezahlt dafür. Ich möchte es nicht missen, und bin noch immer dankbar dafür.

Ein kleines Erlebnis anderer Art hatte ich während eines Nordamerikaurlaubs ein paar Jahre zuvor. Der Onkel meiner Frau wohnte in Kanada direkt am Eriesee in der Nähe von Buffalo. Die Niagara Falls in unmittelbarer Nähe mussten natürlich besucht werden, genau wie die wunderbare Stadt Toronto.

Der damals höchste Turm der Welt, der CNN Tower mit einer Höhe von 553 Metern, steht im Zentrum von Toronto. Eine solche Attraktion konnten wir nicht auslassen, betraten den Eingang, zahlten eine Menge Dollars, bevor wir mit dem Fahrstuhl nach oben fuhren.

Wir bestiegen den Fahrstuhl, der nicht im inneren des Turms hochfuhr, sondern außen. Er war total verglast was eine unglaubliche Umsicht ermöglichte. Die Geschwindigkeit war atemberaubend, und schon nach kürzester Zeit gelangten wir auf die Aussichtsplattform in 450 m Höhe. Im Fahrstuhl hatte man uns darauf aufmerksam gemacht, dass es an diesem Tag etwas windig sei und der Turm insgesamt um die acht Meter schwanken würde.

Tatsächlich, wir standen dort oben und spürten das Schwanken in unserem Körper als würden wir auf einem Schiff stehen. Nicht unbedingt eine Sache für jedermann!

Auch typisch Amerikanisches erlebte ich dann bei dem Onkel meiner Frau. Sein Grundstück am See war riesig, und er muss ein reicher Mann gewesen sein, um sich dieses Grundstück in bester Lage am See leisten zu können. Sein Nachbar sei der Besitzer oder ein Großaktionär von Coca Cola, erzählte er, und das auf der anderen Seite wäre ein Wochenendhaus eines Milliardärs aus der Autobranche.

Der Onkel meiner Frau im Alter von 82 Jahren bat mich, ich solle den kleinen Weg Richtung See gehen. Dort würde ein altes Auto liegen, dessen Schlüssel stecke. Ich müsste ihn unbedingt anlassen und ein paar Minuten laufen lassen.

Als ich bei dem Auto ankam, konnte ich es kaum glauben. Die Türen standen offen, und offensichtlich war der Wagen total verrostet. Es war ein alter Cadillac und sah furchtbar aus.

Nun, ich setzte mich auf den verschmutzten Fahrersitz, sah den Schlüssel stecken und drehte ihn um. Ich muss heute noch schmunzeln, aber der Motor sprang sofort an. Ja, das war Musik in meinen Ohren. 6.7 Liter Hubraum, ein acht Zylinder, der bei jedem leichten Gas geben das Auto leicht wanken ließ. Einfach geil.

Onkel Georg erzählte mir, dass er den Cadillac so viele Jahre schon besaß, etliche Kilometer mit ihm gefahren ist und sich einfach nicht von ihm trennen konnte. Der Wagen stand nun schon einige Jahre in seinem Garten am See, und alle zwei Jahre würde er eine neue Batterie installieren, ihn anlassen und in

Erinnerungen schwelgen, erzählte er mir. Bei uns wäre es allein schon aus Gründen des Umweltschutzes nicht möglich, sein altes Auto jahrelang im Garten verrotten zu lassen. Ich fand es aber lohnenswert, diese kleine Story hier zu erzählen.

Zurück von unserer Tournee in Amerika verging die Zeit wie im Fluge. Es warteten weitere Jobs auf uns mit Heino, ohne Heino, und? - - -
Ich heiratete mal wieder!

Am 8. 8. 90 hat Ralf Willing seine Susanne geheiratet. Trauzeuge war Heino und Hannelore. Marianne & Michael haben sich nicht gemeld

Heino und Hannelore - also jetzt doch wieder *mit* Heino - waren unsere Trauzeugen. Die Bürger und Bürgerinnen unseres Wohnortes in der Nähe von Wetzlar schienen komplett auf den Beinen zu sein, denn es hatte sich herumgesprochen, dass wir vom Haus meiner

Schwiegereltern den Weg zur Kirche zu Fuß zurücklegen würden. Alle wollten Heino und Hannelore aus der Nähe sehen. Ich weiß noch

In der Schloßkirche von Werdorf traute Pfarrer vom Dorp das glückliche Paar.

Heino entführte die schöne Braut

Temperamentvoll drehte sich das glückliche Paar zu den Walzerklängen auf dem blanken Parkett: Star-Trompeter Ralf Willing hatte vorher seine hübsche Braut Susanne vor den Traualtar in der Schloßkirche von Werdorf geführt.

Die süße Liebesgeschichte der beiden begann eigentlich damit, daß Ralf Willing, der auch ein hervorragender Arrangeur ist, eine Brille suchte. Da begegnete ihm die hübsche Optikerin Susanne. Spontan entschloß er sich, auf die Brille zu verzichten – nicht aber auf Susanne.

Prominente Trauzeugen waren Heino und seine Frau Hannelore. Ralf Willing ist seit vielen Jahren mit Heino befreundet. Da nahm er es ihm auch nicht übel, daß der blonde Barde nach der Trauung die Braut entführte. Wenn Heino und Hannelore Anfang September zu einem Konzert nach New York reisen, werden Ralf und Susanne dabeisein. In nur wenigen Tagen kauften die Amerikaner 17 000 Karten. Anschließend macht das Paar Flitterwochen!

Nach der Hochzeit trug Ralph seine Susanne über die Schwelle des Hotels, in dem die Gästeschar kräftig feierte und das Paar hochleben ließ.

wie heute, was Heino, der hinter mir lief, in dieser Situation zu mir sagte:

„Ich würde am liebsten jetzt in den Erdboden versinken!"

Das sagte Heino?

Ja, er war privat eben ganz anders als auf der Bühne, etwas schüchtern und bescheiden.

Pressefotografen begleiteten uns auf dem Weg. Natürlich nicht wegen meiner Frau und mir. Na ja - vielleicht ein wenig... Aber hauptsächlich war es wegen Heino und Hannelore.

Nun, wie ich schon mal sagte: Klappern gehört zum Handwerk!

So erschienen in den nächsten Wochenausgaben der *Yellow Press* etliche Berichte über unsere Hochzeit. Ich besitze die Zeitungen noch mit wirklich wunderbaren Fotos, auf denen vor allem die Schönheit meiner jungen Frau zur Geltung kam. Eine Überschrift lautete:

„Heino entführte die schöne Braut!"

Ja, das konnte man mit Fug und Recht behaupten.

Der Tag der Hochzeit, ein 8. August, war brütendheiß. Wir waren froh, nach der kirchlichen Trauung in meinem Cabriolet zum Gasthaus zu kommen. Apropos - Heino fuhr!

Dort war es gut auszuhalten. Die Musik wurde von meinem Freund Richard - wer erinnert sich noch an Richard von den *Outlaws*? -, der ein brillanter Alleinunterhalter geworden war, bestritten. Er war sogar aus Hamburg angereist, bekam von mir eine sehr gute Gage und erfreute uns den ganzen Abend mit wunderschöner Tanzmusik.

Ganz besonders erfreut waren meine Frau und ich über die Teilnahme eines Ehepaares aus Inzell an unserer Hochzeit, das wir in Miami bei einem Urlaub kennengelernt haben. Die beiden führten ein wunderbares Hotel in Inzell, in dem ich Jahre später ein letztes Mal erneut heiratete. Ja, ja, diese Musiker!!

Nach einem Ehrentanz mit der Braut, dem gemeinsamen Abendessen aller Hochzeits-gäste, verließen uns Heino und Hannelore und flogen mit dem letzten Flieger zurück nach Düsseldorf.

Meinen Schwiegervater Wolfgang liebte ich besonders, weil er ein sehr guter Musiker war. Zu dieser Zeit spielte er Akkordeon und Keyboard in der Originalkapelle Egerland und war nebenbei auch noch Komponist. Eine seiner Kompositionen, die *Heidemelodie*, durfte ich dann in einer Fernsehsendung aus der Lüneburger Heide spielen. Moderation hatte natürlich Heino, der dafür sorgte, meinen Na-men weiter bekannt zu machen.

Ebenso spielte ich ein paar Wochen später auf einer Burg hoch über dem Rhein einen Titel, der aufgezeichnet wurde für ein *Spezial* mit Heino über und vom Rhein.

Meine Trompete wurde nun auch in Kölner Studios eingesetzt. Zusammen mit Musikern von Kurt Edelhagen und der WDR Big Band konnte ich einige Aufnahmen machen. Das war nach langer Zeit mal wieder so richtig meine Welt.

Der Chef vom Musikanten Express

Der Alltag meines *Musikantenexpress* ging unterdessen fleißig weiter. So spielten wir einen Job, der sich von allen anderen bisher gespielten Geschäften meiner Laufbahn total unterschied.

Ein Bamberger Unternehmer feierte sein 50-jähriges Firmenjubiläum und hatte Heino als Stargast verpflichtet. Alles schien normal zu verlaufen. Die Rowdys hatten aufgebaut. Heino kam gegen 18.00 Uhr zum Soundcheck.

Danach aßen wir etwas in der extra für uns schön eingerichteten Festzeltgarderobe!

Der Firmenchef sprach mit uns lange über einen kurz vorher in der Zeitung erschienenen Artikel, in dem ihm etwas vorgeworfen wurde, an das ich mich jetzt nicht mehr erinnere. Er meinte, es könne sein, dass ihm die Bamberger deshalb nicht so gut gesonnen wären und der Besuch des Gastspiels von Heino etwas kläglich ausfallen würde.

20 Uhr - kein Mensch im Festzelt

Das Festzelt war vom Fassungsvermögen her für etwa 2000 Besucher aufgebaut worden. Zwanzig Serviererinnen warteten auf Gäste, die Brauerei hatte zehn Leute an der Biertheke und die Männer und Frauen vom Grill-händlstand bereiteten sich auf den ver-meintlichen Ansturm vor. Gegen 19.30 Uhr kam der Firmenchef wieder in die Garderobe, um uns zu sagen, dass noch kein einziger Be-sucher gekommen wäre. Heino gefiel das nicht besonders, was auch verständlich war.

Ich sah das Unheil kommen. Draußen bei den Parkwächtern schaute ich mich um und sah, dass kein einziges Auto Richtung Parkplatz steuerte.

Dann war es 20.00 Uhr. Kein Mensch im Festzelt! So etwas hatten wir alle noch nicht erlebt. Jetzt mussten Fakten geschaffen werden. Entweder spielen oder alles wieder abbauen.

Der Chef kam dann zu uns in die Garderobe und übergab Heino mit einem zutiefst traurigen Blick den Umschlag mit der Gage.

„Es tut mir leid, Heino, hier ist die Gage wie vereinbart, aber natürlich müssen Sie nicht vor einem leeren Zelt auftreten!"

Heino schaute ihn an und sagte:

„Wir wollen unsere Gage schon verdienen und werden unseren Auftritt machen. Schon alleine für die vielen Serviererinnen. Es soll morgen nicht in der Zeitung stehen, dass alles umsonst gewesen ist!"

Ja, wirklich, so war es! Wir gingen zusammen mit Heino auf die Bühne und spielten über eine Stunde sein Programm für die wenigen Leute im Festzelt.

Ein Fotograf machte Fotos für die Presse, führte anschließend noch ein Interview mit Heino, bevor wir uns alle wieder auf den Heimweg machten. Mir ist nicht bekannt, ob am nächsten Tag ein Bericht über die Veranstaltung in der Zeitung stand, aber die Crew um

Heino konnte sich nicht nachsagen lassen, sie hätten ihr Geld für nix bekommen.

Angenehm war die Situation natürlich nicht, denn kein Musiker spielt gerne vor einem leeren Haus oder Festzelt.

Im selben Sommer erlebten wir dann das genaue Gegenteil von Bamberg.

Der Hessische Rundfunk zeichnete in Frankfurt ein gewaltiges Open Air auf. Die Zuschauerzahl hier belief sich auf 20.000 Menschen, die ausschließlich gekommen waren, um die derzeit aktuellsten Stars der Volksmusikszene zu sehen und zu hören.

mit Liesel Christ beim open air

Alle teilnehmenden Künstler wurden interviewt über diesen damals so erstaunlichen Boom der Volksmusik. Marianne und Michael,

Heino, Takeo Ischi und viele andere Stars waren anwesend. Wir begleiteten alle und hatten natürlich auch einen Solopart. Die hessische Volksschauspielerin Liesel Christ *(bekannt durch die Familie Hesselbach)* führte mit ihrer typisch hessischen Babbelschnauze durch das Programm. Ein strahlend blauer Himmel machte zudem dieses Open Air zu einem wahren Volksfest der Musik.

Genau diese Unterschiede von Veranstaltung zu Veranstaltung machen den Beruf von Künstlern und Musikern so spannend und interessant. Ich bin sicher, jeder der in diesem Beruf tätig ist wird meine These bestätigen. Was gibt es denn Schöneres als erfolgreich das zu tun, was einem der liebe Gott als Talent mit auf den Weg gegeben hat?

Ich konnte mir nie etwas anderes vorstellen als Trompete zu spielen. Und doch traf genau das ein. Noch ein wenig Geduld, lieber Leser, vorher möchte ich aus diesem mir gerade gegenwärtigen Zeitraum eine weitere Geschichte erzählen, die mir gerade einfällt. Also schön weiterlesen und nicht neugierig nach hinten blättern!!!

Man könnte glauben, dass ich als Trompeter in den Jahren nach Hugo Strasser nicht mehr so ganz zur Riege an der vordersten Front gehörte, sondern mehr als Bandleader und Künstlerbegleitband von mir reden machte.

Sicher, zur Bundesliga im übertragenen Sinn

gehörte ich nicht mehr, eher zur 2. oder 3. Liga. Die vielen Kontakte im Musikgeschäft ließen aber immer wieder auch unerwartete neue Verbindungen entstehen. Ein erfolgreicher Produzent, der unter anderem die Flippers groß herausbrachte, wandte sich an mich und fragte telefonisch an, ob ich in seinem Studio für den japanischen Markt eine Trompeten-CD aufnehmen würde

Tonstudio? CD? Das muss man mir nicht zweimal sagen, denn nirgendwo spiele ich lieber - und ich sage sogar besser - als in einem Tonstudio. Es ist meine Passion, dass war vom ersten Ton in einem Studio bis heute so! Natürlich sagte ich zu, sodass wir innerhalb der nächsten Tage einen Termin für die Aufnahmen fanden.

Das *Tonstudio 2000*, in Heidelberg zu Hause, erreichte ich nach einer Fahrt von 450 km. Klaus Backhaus mit seinem Team begrüßte mich draußen vor dem Studio, dann rauchten wir erstmal eine Zigarette. Er berichtete mir von den fertig gestellten Playbacks und den zu spielenden zwölf Titeln. Ich war natürlich sehr gespannt auf die Playbacks und konnte nicht erwarten, endlich anzufangen.

Nachdem ich mich etwas eingeblasen hatte, nahmen wir die Mikrofon- und Kopfhörereinstellungen vor. Dann begannen die Aufnahmen.

Als ersten Titel spielte ich den Titel *Imagine* von den Beatles ein. Man hört sich ja nach jeder Aufnahme im Technikraum die Titel an, um sicher zu gehen, dass der Titel einwandfrei auf Band ist. Das verschafft einem auch immer wieder eine kleine Pause, was gerade bei einer Produktion wichtig ist, die man als Solist macht.

Klaus Backhaus hatte für mich ein Hotelzimmer reserviert für den Fall, dass die Produktion nicht an einem Tag fertig würde. Um kurz vor 18.00 Uhr konnte er es stornieren denn die Aufnahmen waren komplett eingespielt, was uns beiden entgegenkam.

Klaus Backhaus bestellte mich in den kommenden Jahren noch häufig in sein Studio, um die Bläserparts von Trompeten und Posaunen, ja sogar bei einigen Titeln die Tuba für seine verschiedensten Produktionen von Künstlern, die er unter Vertrag hatte, einzuspielen.

Der musikalische Alltag holte mich naturgemäß immer wieder auf die Bühne zurück, was mehr und mehr mit Heino zu tun hatte. So gab es auch wieder den mehrwöchigen Job bei der Vertriebsfirma, den ich mit Marianne und Michael schon gespielt hatte. Hier sollte sich mein Leben wiederum entscheidend verändern.

Der Chef dieses Unternehmens kam eines Tages zu mir und machte mir ein Angebot, als Repräsentant des Unternehmens tätig zu werden. Ich wäre der genau richtige Mensch für eine solche Aufgabe und könnte sehr viel Geld verdienen, gleichermaßen als Musiker wie auch als Repräsentant der Firma.

In meinem Leben gab es einige Momente, in denen sich Türen öffneten. Die richtige Entscheidungen zu treffen, durch welche Tür ich gehen würde, ist mir immer schwergefallen.

In diesem Fall schien es nicht schwer zu sein, denn ich konnte ohne Risiko ausprobieren, ob und wie diese Tätigkeit mir liegen würde. Neugierig, wie ich nun mal bin, machte ich mich an die Aufgabe heran und leitete einige Tage die Veranstaltungen der Firma und spielte danach am Nachmittag das Konzert mit Heino und meiner Band.

Jeden Tag kamen am Vormittag mehrere 1000 Gäste aus fast allen Teilen Deutschlands in die Firma, um anschließend in den riesigen Räumen die verschiedensten Reisen und Produkte vorgeführt zu bekommen. Es handelte sich also um Kaffeefahrten in großem Stil.

Meine Aufgabe sah folgendermaßen aus:

Ich begrüßte die Gäste im Namen der Firma mit Charme und Humor, spielte auf meiner Trompete einige Titel zu ihrer Unterhaltung, um danach die Reisen oder Produkte vorzustellen. Um es klar zu sagen: Hier fungierte ich als Repräsentant, Musiker, Entertainer und Verkäufer in einer Person.

Nachdem ich auch in diesem Bereich mit großem Erfolg arbeitete, stellte ich bald mit großem Erstaunen fest, was der Lohn für diese Tätigkeit war. Nicht erschrecken, lieber Leser, aber was ich mit Musik und meiner Band im Monat an Einkommen hatte, verdiente ich plötzlich an einem Tag.

Was nun?

Ich hatte die Wahl, so weiterzumachen mit Heino und meiner Band oder diese neue Aufgabe mit den großartigen Möglichkeiten anzugehen.

Ich entschied mich für die neue Aufgabe aus zwei Gründen. Zum einen hatte die musikalische Tätigkeit mit Heino und meiner Band ihren Reiz verloren. Ich sah einfach die Abhängigkeit und die Einseitigkeit der Musik. Zum anderen bot sich mir die Möglichkeit, in kurzer Zeit zum Topmann einer Branche zu werden, die stark boomte mit der Aussicht, sehr viel Geld zu verdienen.

Die Entscheidung fiel mir um so leichter, nachdem ich mit meinem Schlagzeuger Otti Bauer ein Gespräch führte, in dem er sich gerne bereit erklärte, die Band zu übernehmen.

So geschah es also, dass ich mich als Profi aus dem Musikgeschäft verabschiedete. In mir waren auch einige Enttäuschungen entstanden durch das Nicht-Einhalten von Versprechungen einiger Stars, die zusagten, mich zu produzieren, mich zu managen, kurz, um aus mir einen neuen Star am Trompeter-Himmel zu positionieren.

Ich will diesen Leuten letztlich keinen Vorwurf machen, weil ich inzwischen auch gemerkt hatte, dass ich erstens nicht mehr der Jüngste und zweitens Instrumentalmusik nicht mehr gefragt war. Die deutschen Stars wie Udo Lindenberg, Udo Jürgens, Howard Carpendale, Roland Kaiser bestimmten die Szene. Popmusik von Boney M, Whitney Housten, Madonna, Michael Jackson, den Scorpions und vielen anderen veränderte die Musikwelt. Stefan Mross, der zwölfjährige Trompeter, bekannt geworden durch Karl Moik, Roy Etzel und Walter Scholz waren die letzten Vertreter dieser ehemals erfolgreichen Instrumentalisten. Im Radio hörte man seit vielen Jahren so gut wie keine Musik mehr ohne Gesang. Die erfolgreichen Big Bands wie zum Beispiel auch Max Greger, wurden aus Kostengründen aus Fernsehshows verbannt. Da war kein Platz mehr für Ralf Willing. Für mich blieb nur noch eines, die Flucht nach vorne.

Tatsächlich gelang es mir innerhalb kürzester Zeit, eine Position in dem Unternehmen zu erreichen, die mein Leben total auf den Kopf stellte. Um nicht jeden Tag mit dem Auto von meinem Wohnort zur Arbeit fahren zu müssen, schaffte ich mir eine Zweitwohnung am Standort der Firma an. Nach ein paar Monaten verkaufte ich die Wohnung wieder, da die weitere Expansion des Unternehmens mich dann nach Österreich führte, wo ich nun zusätzlich auch Organisator von Veranstaltungen wurde.

Diesen Teil meines Lebens möchte ich hier nicht zu sehr ausbreiten weil er mit Musik im eigentlichen Sinn nicht mehr viel zu tun hatte.

Nur soviel:

Mein Job machte mich sehr schnell zu einem relativ vermögenden Mann. Leider verlor ich dadurch aber den Boden unter den Füßen sowie auch den Bezug zur Realität. Ich hatte keine Erfahrung mit soviel Geld. Berater und Freunde traten in mein Leben, die alle nur das Beste für mich wollten - - - dachte ich! Sie wollten in Wirklichkeit nur mein Geld.

als Vertriebsleiter unterwegs

Es kam dann auch der erste Rückschlag. Meine Einnahmen wurden durch Fehler des Management der Vertriebsfirma immer geringer, bis die Firma schließlich in die Insolvenz ging. Leider blieb mir die Firma an Provisionen eine sehr hohe Summe im sechsstelligen Bereich schuldig. Die Rücklagen wurden jetzt angegriffen, um alle eingegangen Verpflichtungen zu bedienen. Notgedrungen heuerte ich bei einer neuen Firma an. Aber schon nach wenigen Monaten konnte ich meinen Verpflichtungen, was den Kapitaldienst betraf, nicht mehr erfüllen. Der Verdienst reichte einfach nicht aus. Ich wünsche keinem Menschen, in eine solche Situation zu kommen. Alles litt unter dem akuten finanziellen Druck. Auch meine Ehe.

In diesem Moment trat Heino erneut in mein Leben. Er rief mich an und fragte, ob ich als Trompeter und Solist in einer Fernsehsendung auftreten würde. Er könnte auch meine Frau als Chorsängerin engagieren.

Es stellte sich heraus, dass es sich um eine Sendung handelte, die rund um den Rhein gedreht wurde. Dazu war es nötig, ins Studio zu fahren und eine Melodie aufzunehmen, die mit dem Rhein zu tun hat.

Nachdem ich die Melodie aufgenommen hatte, fuhr ich mit meiner Frau an den Rhein zu dem Drehort. Hoch oben auf einer Burg über dem Rhein machten zwei Kameramänner zum entsprechenden Playback die Aufnahmen, die später dann als Aufzeichnung gesendet wurden.

Nach meinem Dreh konnte ich dann wieder nach Hause fahren, während meine Frau für weitere zehn Tage mit Heino auf einem Schiff als Chorsängerin beschäftigt wurde.

Ich konnte nicht ahnen, dass diese zehn Tage schon bald darauf das Ende meiner Ehe bedeuteten. Meine Frau kam nämlich wieder nach Hause, und ich bemerkte sofort, dass etwas passiert sein musste. Sie hatte sich während dieser Tage in einen anderen Mann verliebt! Meine Frau zog zu diesem Mann, und bald darauf wurden wir an dessen Wohnort geschieden.

Ich verfiel in eine tiefe Depression. Alles, was mir wichtig war, hatte ich verloren. Doch wieder schien mir das Schicksal gewogen zu sein, denn eine neue Vertriebsfirma offerierte mir ein lohnendes Projekt.

Wenn man die Branche nicht kennt, kann man sich kaum vorstellen, welche Verdienstmöglichkeiten sich da boten, vorausgesetzt, alle Umstände passen zusammen. Ja, und sie passten zusammen. Die Firma hatte so etwas wie ein Monopol in Deutschland und Österreich und ermöglichte mir alles, was man sich nur vorstellen kann.

Auch das Glück war mir wieder hold und

kehrte auch, was die Liebe betrifft, zurück, und so heiratete ich zum vierten Mal.

Nun konnte ich mit meiner Frau Urlaube machen, von denen ich früher nur träumen konnte. Mehrmals waren wir auf Sylt und Teneriffa in den besten Hotels. Mein allergrößter Traum war jedoch, endlich ein eigenes Haus zu haben. Auch dieses Vorhaben konnte ich nun umsetzen. Das Geld musste gut angelegt werden.

Mein Steuerberater riet mir zu streuen; eine Eigentumswohnung in der Nähe von Stuttgart, große Investitionen in Immobilienfonds, Lebensversicherungen und andere Anlagen folgten.

Natürlich wurden die großen Investitionen durch Kredite finanziert, damit die steuerliche Last sich in Grenzen hielt.

Der hohe Verdienst ermöglichte mir und meiner Familie ein Leben ohne Sorgen. Geld spielte keine Rolle. So sehr dies auch nach einem Märchen klingt, genauso aber trug es sich zu.

Wenn ich heute im Fernsehen das Leben der Millionärsfamilie *Die Geissens* verfolge, dann sehe ich vieles von dem wieder, was ich selbst erlebt habe. Ich konnte nach Stuttgart fahren und mir einen Mercedes für 185.000.,-- DM im Werk abholen. Meine Frau fuhr einen großen Jeep, und endlich konnte ich mir auch das Motorrad leisten, was mir immer vorschwebte; eine Honda Goldwing.

Zwei wunderbare Kinder wurden uns geboren

und vervollständigten unser Glück. Es war einfach unvorstellbar, dass dies sich jemals ändern konnte. Und doch genau das geschah. Schon einmal hatte ich es erlebt und musste wiederum feststellen, wie brüchig auch das erneute Glück sein kann.

mit Söhnchen Alexander

Der Boom ebbte nämlich plötzlich ab. Von heute auf morgen sank mein Einkommen unter die Höhe der eingegangenen Verpflichtungen aus den Krediten, die ich, um Steuern zu sparen, aufgenommen hatte. Eine gewisse Zeit lang konnte ich verhindern, dass unser Haus unter den Hammer kam. Die Eigentumswohnung wurde verkauft, die Autos wurden wieder kleiner, kein Motorrad mehr, die Lebensversicherungen wurden von den

Banken kassiert. Doch die Gerichtsvollzieher kamen immer häufiger, und nach und nach verloren wir alles, was wir besaßen. Als letztes unser geliebtes Haus, das siebzehn Jahre lang die Basis unseres Lebens gewesen war.

Was mich aber am meisten bedrückte war, dass meine Ehe trotz unserer Kinder scheiterte. Verdammt noch mal, man verspricht sich doch bei dem Eheschwur, gemeinsam durch gute und schlechte Zeiten zu gehen. Anscheinend verlassen viele Frauen ihre Männer, wenn sie ihnen keine Sicherheit mehr bieten können. Das erfuhr ich nun zum zweiten Mal.

Da saß ich nun mit meinen gemachten Erfahrungen auf dem Trockenen, ohne Frau, ohne meine Kinder, ohne meine ach so guten Freunde und Berater. Mein neues Domizil wurde eine Altbauwohnung ohne Heizung, aber immerhin mit einem Holzofen.

Zwei Jahre verdingte ich mich noch als Kurierfahrer, was wenigstens meiner Vorliebe für das Autofahren entgegenkam. Doch ein Bandscheibenvorfall ließ mich auch diese Arbeit verlieren. Bis zum Eintritt in mein Rentenalter lebte ich dann mit der Unterstützung meiner über 90jährigen Mutter und von Einnahmen durch Musik!

Ja, ich habe trotz meiner Tätigkeit in der Vertriebsfirma immer nebenbei Musik gemacht, wann immer die Zeit es zuließ.

Anfang der neunziger Jahre hat mir ein Musiker aus Köln, mit dem ich im Studio gespielt habe, eine Kassette geschenkt. Das besondere daran war:

Dieser Musiker hat alle Instrumente selber eingespielt, also ein One-Man-Orchester.

Fasziniert von dem Gedanken dachte ich darüber nach, es ihm gleich zu tun. Schließlich kann ich nicht nur Trompete spielen oder Ventil-Posaune, nein, da war ja noch der E-Bass, Piano oder das Keyboard. Studioerfahrung hatte ich auch. Also stand der Sache nichts entgegen.

Zufälle - falls es sie gibt – helfen einem manchmal im Leben Dinge zu tun, an die man vorher nie gedacht hat. In der Tageszeitung las ich unter den Verkaufsanzeigen, dass jemand sein Homestudio - wie er es nannte – verkauft. Schon am nächsten Tag fuhr ich zu dem jungen Mann und ließ mir erklären, was er mit dem kleinen Studio an Aufnahmen gemacht hat. Nach einer Stunde hatte ich die Vorgehensweise verstanden. Alle Geräte waren picobello, und ich kaufte ihm das gesamte Equipment ab.

Es handelte sich um ein 8-Spur-Bandaufnahmegerät von Fostex, ein Hallgerät, ein Mischpult und ein Mikrofon sowie die dazu gehörigen Lautsprecher.

Eines der wichtigsten Bestandteile zum Aufnehmen war das Keyboard, ein Technics 2000 mit den ganzen verschiedenen Sounds wie Streicher, Piano, Orgel, Schlagzeug, Flöten, Vibraphon u.u.u.

Zu Hause baute ich alles auf und fing an, meine ersten Aufnahmen zu machen. Sehr schnell hatte ich den Dreh heraus, wie man Spur für Spur die Instrumente auf das Band aufnahm, und verbrachte jede frei Minute in meinem kleinen Homestudio.

Welche Ausmaße das Einspielen von Titeln haben würde, konnte ich damals noch nicht ahnen. Meinen Freunden und Bekannten schenkte ich dann hier und da eine Kassette mit meinen Aufnahmen zum Geburtstag, was hervorragend ankam. Als die CD dann den Markt eroberte, brannte ich die Aufnahmen auf dieses neue Medium.

Einer meiner Bekannten erzählte wohl einem Musiker von meiner CD. Der ließ mir dann über diesen Umweg ausrichten, er spiele hier in der Nähe in einer Blaskapelle, die dringend einen neuen Dirigenten suche. Das nächste Wochenende würden sie in Thyrnau *(5 km von meinem Wohnort)* bei einem Firmenjubiläum spielen, und da könnte ich ja mal vorbei-schauen und mir das Orchester anhören, falls ich Interesse hätte.

An diesem Samstag, es war ein herrlicher Sommertag, fuhr ich mit meiner Gold Wing *(Honda Motorrad)* zu der angegebenen Firma und sah schon beim Hineinfahren in das Gelände der Schreinerei die Kapelle sitzen und hörte sie spielen. Mein Motorrad stellte ich ab, nahm den Helm vom Kopf und ging in meiner Kluft zu den Musikern, nachdem sie das Stück beendet hatten.

Frech und frei, wie ich nun mal bin, sprach ich die Musiker an und sagte:

„Jemand von euch hat mir ausrichten lassen, ihr sucht einen neuen Dirigenten, und ich soll mal vorbeikommen!"

„Ach, du bist das!" sagte ein aufstehender Posaunist und begrüßte mich. Wir sprachen ein paar Minuten miteinander und vereinbarten, dass ich fünf Tage später zu ihrem Probelokal kommen würde. Gesagt, getan!

die Büchlberger Musikanten

Die Probe der *Blaskapelle Büchlberg* fand bei einem Mitglied der Kapelle statt, der eine Pension führte, in dessen großem Speiseraum die Kapelle ihre Proben abhielt. Die Musiker beäugten mich ziemlich reserviert, und ich hatte den Eindruck, dass sie wohl dachten, einem Preußen wie mir nicht so leicht alles glauben zu dürfen.

Zu allererst gab es mal etwas zu essen, und dann packte ich meine Trompete aus, um mit ihnen zusammen ein paar Stücke zu spielen. Danach waren ihre Zweifel ausgeräumt, und viel später erzählten sie mir dann, wie skeptisch sie schon gewesen seien, als ich mit dem Motorrad bei ihnen aufgekreuzt bin.

Nachdem sie gehört hatten, was ich auf meiner Trompete gespielt habe, kippte die Stimmung ins Gegenteil. Man bot mir an, die Stelle als Dirigent anzunehmen. Sie erzählten mir, welche Pläne für die Zukunft auf ihrer Agenda standen. Ihr wichtigstes Vorhaben wäre, eine Big Band zu gründen.

Konnte ich da nein sagen? Also übernahm ich diese Aufgabe.

Hier konnte ich zwei Dinge in wunderbarer Weise vereinen; einmal die Liebe zur Blasmusik, mit der ich ja aufgewachsen war, und natürlich als Big Band zu fungieren.

Ich fing nun an, in meiner freien Zeit unterwegs Arrangements zu schreiben, die dann am nächsten Wochenende eingeübt wurden. Das ging überraschend gut, und schon bald spielten wir unseren ersten Ball in meinem Wohnort. Der Wirt hatte den in Bayern fast ausgestorbenen *Kathreins-Tanz* als Anlass genommen, uns spielen zu lassen.

Die Neugier der Leute ließ sie in Scharen ins Gasthaus kommen. Der verehrte Bürgermeister war anwesend, der Bankdirektor, der selber auch etwas Trompete spielte und Vorstand der heimischen Blaskapelle war, saß ebenfalls im Publikum.

Wir spielten etwa ein Stunde lang und machten die erste kleine Pause, als der Bankdirektor zusammen mit dem Bürgermeister zu mir kam und sagte:

„So etwas haben wir hier noch nie gehört. Das ist ja wunderbar, wie sie spielen!"

Nach diesem erfolgreichen Abend spielten wir bald die Hälfte aller Auftritte als Big Band. Die Arbeit hatte sich wirklich gelohnt, weil die Musiker mit Freude bei der Sache waren und sich auf jeden Auftritt freuten. Zehn Jahre lang führte ich die Kapelle durch viele Veranstaltungen in Passau und Umgebung. Für mich eine schöne Nebenbeschäftigung.

Der Posaunist, von dem ich anfangs sprach, spielte selbst noch in einer anderen Big Band in der Nähe. Die *Big Band Bavaria*. Nichts lag näher für mich, als in ihr die 1. Trompete zu spielen. So wurden meine musikalischen Aktivitäten auf Amateurbasis immer stärker.

Schon bald gründete ich mit einem österreichischen Posaunisten zusammen die *German Austria Bigband,* in der ich als Bandleader und Solist agierte.

Big Band BAVARIA

Swing the mood!

Plötzlich kannten mich alle Musiker in der Gegend, riefen mich an und fragten, ob ich bei ihnen spielen würde. Eine Verbindung ergab die nächste.

Die Big Band *Makapeo*, die Feuerwehrkapelle Hötzdorf, die *Dreiflüsse Musikanten*, die Big Band der Universität Passau, die Big Band *Vogel* aus Landshut - jetzt konnte ich proben und spielen so viel ich wollte.

Das nächste Projekt sollte dazukommen, als mich ein Musiker ansprach wegen eines einmal im Monat stattfindenden Jazzabends, der von lauter älteren Profis in einem Hauzenberger Gasthaus veranstaltet wurde. Er lud mich ein, doch mal mitzuspielen, was ich an jedem ersten Freitag im Monat nun seit zehn Jahren auch mache.

Aus diesem Abend heraus entstand die nächste Formation. Die Stadt Passau organisiert seit vielen Jahren in der Passauer *Redoute* für ihre Senioren Konzerte. Mit den *Büchlberger Musikanten* hatte ich einige Konzerte gespielt und man suchte nach etwas Neuem!

Da machte ich Vorschlag, mit meinen Jazzern dort zu spielen, denn die musikalischen Möglichkeiten wären geradezu ideal. Wir spielten Freitags nicht nur Jazz, sondern auch Evergreens aus den fünfziger Jahren, Dixieland, Swing-Standarts, Tango, Samba, Rumba; eigentlich alles, was gerade die „älteren" Leute kennen und gerne hören.

Und da waren sie geboren, *Die Alten Knacker.*

Der älteste von uns war der Saxophonist

mit achtzig Jahren, der jüngste (*endlich mal wieder*) war ich mit sechzig Jahren.

Die Resonanz war unglaublich. Schon beim zweiten Konzert war die *Redoute* voll bis unters Dach. Viele Konzerte haben wir über die Jahre hinweg gespielt. Normalerweise gehen 250 Leute in den Saal, bei uns waren es manchmal über 400 Besucher, die in den Fensterbänken saßen oder stehend das Konzert verfolgt haben.

In Kürze werden wir leider das letzte Konzert spielen, weil unser Schlagzeuger erkrankt ist. Unser ältester Mitspieler ist inzwischen auch 87 Jahre alt geworden und die Umstände haben sich geändert.

Die Leitung der Seniorenkonzerte wurde von jüngeren Leuten übernommen, die alles umkrempeln wollen und noch schlimmer - die Gagen kürzen. Können sie ja gerne machen, nur dann ohne uns! Unter den gleichen Bedingungen wie vorher hätte ich mir ansonsten etwas einfallen lassen. So aber überlasse ich den Jungen das Feld. Ob allerdings die Senioren davon begeistert sind, wird sich herausstellen.

In all den Jahren, in denen ich nicht mehr als Profimusiker arbeitete, ist es geradezu eine Sucht geworden, in meinem Studio Aufnahmen zu machen. Fast zwanzig Jahre sind bis heute daraus geworden. In meinem Studioarchiv haben sich über 700 Titel aus fast allen Genres der Musik angehäuft. Sehr oft hörte ich im Radio Musik die mir besonders gut gefiel. Dann dachte ich, den Titel könnte ich mal aufnehmen, und genau das habe ich dann auch ganz schnell in die Tat umgesetzt.

mein Home Studio

In den meisten Fällen schrieb ich keine Arrangements, sondern nur ein Notenblatt mit den Harmonien. Und schon ging es los. Zuerst die Rhythmusgruppe, Drums, Bass, Gitarre, Piano, Streicher oder Flächen, dann Percussion. Danach meistens vier Posaunen, vier Trompeten, gesampelte Saxophone, eventuell Chor und ganz am Schluss die Solotrompete. Bei einem Gesangstitel natürlich am Schluss der Sologesang.

Je nach Besetzung und Aufwand brauchte ich für eine fertiggestellte Aufnahme zwischen fünf Stunden, aber manchmal auch zwei Tage

.

Kompliziert ist im Grunde meine Aufnahmetechnik, weil ich nur acht Spuren habe. Meistens brauche ich aber mindestens 20 – 30 Spuren. So muss ich nach sechs Spuren schon im so genannten Ping-Pong-Verfahren die sechs Spuren auf die zwei verbleibenden Spuren zusammenmischen, was später eben keine Veränderungen mehr erlaubt. OK, ich komm damit zurecht und bin es gewohnt. Und es hat auch einen Vorteil: Es schult die Ohren !

Auf diese Weise sind Aufnahmen entstanden wie:

Klassik, Blasmusik, Alpenländische Musik, Welthits, Evergreens, Trompetensoli, Volkslieder, viele Titel à la Bert Kaempfert, Ray Conniff, James Last, Hugo Strasser, Mantovani, Ray Antony, Harry James, Horst Fischer, Herb Alpert, Frank Sinatra, Popsongs, Schlager, Oldies... Sicher hab ich noch etwas vergessen. Auf alle Fälle ist es für mich und vor allem für mein Gehirn die fruchtbarste Kombination, musikalisch jung zu bleiben.

Hans R. Baierlein, der große Produzent und Manager aus München mit seinem *Montana Verlag,* beauftragte mich, Titel von Udo Jürgens, Alexandra, Daniel Gerard, Heino, Johann Strauss u.v.a. als Instrumentalversion aufzunehmen. Sie sind dann auch Monate später in seinem Verlag erschienen. Im Internet kann man sie anhören und downloaden.

Während meines Musikstudiums habe ich angefangen zu komponieren, was ja auch ein Teil der zu erlernenden Aufgaben war. In meinem Profileben hatte ich für solche Dinge wie komponieren kaum Zeit.

Aber jetzt, wo ich mein Studio hatte, begann ich wieder damit. Inzwischen sind ca. 150 Kompositionen entstanden, die ich auch aufgenommen habe. Ich selbst möchte keine Aussage darüber treffen, welche Qualität meine Kompositionen haben. Mir ist nur wichtig, dass sie aus meinem Herzen kommen und ein paar Menschen Gefallen daran haben.

Einen guten Freund möchte ich unbedingt noch erwähnen. Ich lernte ihn kennen, als er für seinen ersten Band recherchierte *Das große Buch der Trompete.* Der Autor heißt Friedel Keim.

Friedel Keim rief bei mir an, weil er meinen Namen von Max Heigl erfahren hatte, dem Mundstückdreher von Horst Fischer, und der somit auch über meine Zeit bei Hugo Strasser Bescheid wusste. Wir fanden uns von der ersten Minute an sympathisch und quatschten und quatschten über Gott und die Welt, über Musiker, Trompeter, Bandleader und was weiß ich noch. Dann kam die Sprache auf Horst Fischer und schon hatten wir ein Gesprächsthema, das uns mehr verband als alle anderen Musiker, über die wir geredet haben. Er erzählte mir, dass er selber Trompeter sei und früher im Frankfurter Raum eine sehr gute Band gehabt habe. Aber Horst Fischer war sein Vorbild, sein Trompeten-Gott.

Natürlich konnte ich ihm nicht verheimlichen, dass ich viele Aufnahmen in meinem Studio à la Horst Fischer gemacht habe, die Friedel Keim natürlich gerne hören wollte. Also schickte ich ihm eine CD mit den Aufnahmen.

Nachdem er die CD gehört hatte, rief er wieder bei mir an. Er war total begeistert und schwärmte in einer Art und Weise, die mich hoch erfreute. Er machte mir klar, dass ich der einzige Trompeter bin, der wie Horst Fischer spielt. Er sagte es mit Nachdruck, denn er kennt sie alle. Aber was bedeutet dies letztendlich? Die Zeit dieser Musik ist vorbei, und nur noch eine kleine Minderheit der Musiker oder Menschen kennen noch Horst Fischer.

Die Konsequenz aus meiner Verbindung zu Friedel Keim war, dass er mich motivierte, mehr Trompetensoli à la Horst Fischer aufzunehmen. OK, ich machte das und fand auch großen Spaß daran, weil es schon eine Herausforderung für mich darstellte. Ich weiß noch, dass ich Friedel nach jeder neuen Aufnahme anrief und ihm den Titel übers Telefon vorspielte. Bald darauf hatte er sie auch auf einer CD.

So kam es eben auch dazu, dass in seinem vom Schott Verlag herausgegeben 1. Band vom *Großen Buch der Trompete* eine Seite (*Seite 795*) mir gewidmet war. Nicht ganz ohne Stolz darf ich erwähnen, dass weitere Einträge über mich in den darauf folgenden Bänden zwei und drei vom *Großen Buch der Trompete* veröffentlicht wurden.

Dazu kamen dann die Wikipedia-Einträge, die Mitgliedschaft in Trompeten-Foren, mein Youtube-Kanal, ein großer Bericht in der Fachzeitschrift *Sonic* und natürlich auch

Facebook. Dies alles ließ meinen Namen in Trompeterkreisen wieder an Bekanntheit gewinnen. Ich freue mich nach wie vor über jeden neuen Kontakt und versuche, vielen jungen Trompetern auch etwas von meinen Erfahrungen mitzugeben. Vielleicht können meine Erinnerungen einen kleinen Teil dazu beitragen.

Aber die Geschichte ist noch nicht zu Ende.

Ich wurde eines Tages angefragt, ob es denn von meinen Aufnahmen auch *Play Along* gibt. Für die Laien: Das sind Aufnahmen, auf denen die Solo Trompete fehlt, sodass ein Trompeter zu dem Playback spielen kann. Man könnte es auch vergleichen mit Karaoke. Der Effekt ist der gleiche!

Mit der Zeit habe ich einigen Trompetern eine solche CD gerne zur Verfügung gestellt, habe ihnen die Noten mit dazu geschickt, damit sie die Titel selber spielen können. Dazu auf den nächsten Seiten mehr.

Richtig interessant wurde es aber erst, als der nächste Produzent in mein Leben trat. Wolfgang Vetter. Er hatte über einen meiner Freunde von meinen Aufnahmen gehört, rief mich an, um eventuell meine Aufnahmen durch seinen Verlag vermarkten und veröffentlichen zu lassen. Wenn ich auch hier ehrlich sein darf:

Ich hatte ursprünglich nie vor, meine Aufnahmen auf den Markt zu bringen. Ich spielte sie in meinem Studio aus einem inneren Drang heraus ein, und nur meine Freunde, Bekannte und vielleicht ein paar Schüler von mir sollten sie bekommen. So war es ja auch lange Zeit.

Dass es gerade Wolfgang Vetter war, der nun daran ging, mich zu produzieren, ist schon interessant. Wolfgang ist früher unter dem Namen André Carol mit seiner Trompete bei Veranstaltungen aufgetreten, und ich kann mich sehr gut daran erinnern, dass mein *Isar Express* ihn bei einem Auftritt mal begleitet hat. Da war Wolfgang vielleicht gerade mal zwanzig Jahre alt gewesen. OK, um so schöner, dass dieser Supertrompeter die Aufgabe mit mir anging.

Natürlich gehört ein solches Unterfangen richtig besprochen, und so trafen wir uns auf halber Strecke zwischen München und Passau.

Die Strategie in seinem Kopf überzeugte mich sofort, und die Vorbereitungen für die *Übernahme* begannen.

Allein die Recherche von Verlagen, Komponisten und Textern bei der GEMA dauerte wochenlang. Meine Kompositionen machten ja nicht den größten Teil der Aufnahmen aus. Alles musste seine Ordnung haben, sonst hätten die Aufnahmen nicht veröffentlicht werden können. Es handelte sich immerhin um 350 Titel.

Nachdem alle Titel ordnungsgemäß recherchiert waren, kam die nächste Hürde, denn meine CDs mussten gemastert werden. Jetzt mussten alle 350 Titel auf den entsprechenden

CDs von mir gefunden und sortiert werden. Erst dann konnte ein Tonstudio die Titel in bestimmte Formate umwandeln, Lautstärken angleichen und über einen Equalizer zeitgemäß aufbereiten. Inzwischen kann jeder in den bekannten Plattformen wie Amazon oder I-tunes und einigen anderen die Titel für wenig Geld downloaden.

Im weiteren Verlauf unserer Zusammenarbeit wurden dann zwei CDs mit einem Notenheft als *Play Along* hergestellt.

Die Herausgabe meiner Trompeten-Methode *Höhe-Kraft-Ausdauer-Flexibilität-Sicherheit-Ton* stellte dann den vorläufigen Höhepunkt dar.

Nun betrachte ich meine Arbeit, was das Weitergeben von Erfahrungen in Sachen Trompete betrifft, mit diesen Erinnerungen als vorläufig abgeschlossen. Da man ja nie *nie* sagen sollte, und ich nicht weiß, was die Zukunft noch bringt, bleibe ich weiter neugierig und offen was dieses Thema betrifft.

Meine Geschichte als Trompeter ist damit allerdings noch nicht *vorläufig* beendet. Vor einigen Jahren besuchte ich meine Nichte Cornelia in der Nähe von München. Ihr langjähriger Lebensgefährte Earny spielt als Schlagzeuger in einer in Deutschland bei Countryfans sehr bekannten Band, *Rockn Rodeo!* Oft habe ich Earny in Pullman City, einer Westernstadt bei mir in der Nähe, bei Auftritten zugehört und wirklich - er ist ein super Drummer!

Als wir in der Wohnung der beiden bei Kaffee und Kuchen (*ich liebe es*) zusammensaßen, erzählte er, dass er mit einer anderen Formation im *Rattlesnake Saloon* München öfter spielt. Bei den *Rattlesnake Torpedos*. Der Chef dieser Gruppe ist der Besitzer des *Rattlesnake Saloons* und spielt mit einer von ihm zusammengestellten Formation mehrere Tage im Monat in seinem Saloon.
Bruno Theil heißt der Chef und spielt Gitarre, singt und moderiert die Auftritte. Jetzt ist Bruno auf der Suche nach einem Bassisten. "Das wäre doch was für dich", meinte Earny.

„Ja Hallo", dachte ich, "ja, das wäre tatsächlich was für mich. Ich liebe es, Bass zu spielen. Schon seit ewigen Zeiten ist es mein Lieblingsinstrument neben der Trompete.

Es dauerte auch nicht lange, bis der erste Auftritt bei den *Rattlesnake Torpedos* anstand. Da ich keinen eigenen E-Bass mehr besaß, lieh mir ein Freund seine Bassanlage, und ab ging es nach München.

Dort traf ich nun zum ersten Mal Bruno Theil.

am E-Bass

Earny hatte mir gesagt, dass Bruno seit über dreißig Jahren nach einem Motorradunfall im

Rollstuhl sitzt. Um so mehr war ich von der ersten Minute an überrascht, wie Bruno damit umging. Nicht eine Sekunde hatte man das Gefühl, dass Bruno sich als Behinderten sah. Er sprühte Kraft und Lebenslust aus. Alle Musiker fühlten sich in besonderer Weise mit Bruno freundschaftlich verbunden, und man spürte sofort das familiäre Klima.

Meine Qualifikation als Bassist bestand ich anfangs aber nur, weil meine Ohren mich nicht im Stich ließen. Viele der zu spielenden Titel kannte ich überhaupt nicht. In der Country- und Honky-Tonk-Musik sind die Harmonien und Abläufe der Songs jetzt nicht überkompliziert, aber trotzdem konnte ich natürlich durch meine Unkenntnis bezüglich dieser Musik nicht alles einwandfrei und richtig spielen.

Aber da war ja noch meine Trompete, mit der ich punkten konnte. Der Tontechniker dieser Gruppe spielte nämlich ebenfalls bei einigen

Titeln E-Bass, so es dazu kam, dass ich dann meine Trompete nahm und mitspielte.

Es wurden viele Improvisationen von den verschiedensten Musikern in den Titeln gespielt, meistens erst von den Gitarristen und vom Keyboarder. Die Tonarten waren bis auf wenige Ausnahmen alles Gitarren-Tonarten, also E-Dur, H-Dur, A-Dur, D-Dur, G-Dur. Für Trompeter in der Regel nicht ganz so einfach, weil wir Trompeter meisten in Bb-Dur-Tonarten gewohnt sind zu spielen. Hier kam mir zugute, dass ich in meiner langjährigen Laufbahn schon immer auch die Kreuztonarten geübt hatte.

Ich habe mal einen Satz gelesen, den Charly Parker, der berühmte Jazzsaxophonist gesagt hatte:

„Ich war erst ein richtiger Musiker, als ich meine Stücke in allen zwölf Tonarten spielen konnte!"

Das hat mich damals so beeindruckt, dass ich es ihm nachgemacht und so keine Probleme mehr mit Kreuztonarten habe. Es ist wirklich reine Übungssache!

Ein Supersaxophonist, Otto Staniloi, spielt ebenfalls mit, aber nicht nur bei uns. Thilo Wolf, Spider Murphy, Hugo Strasser und viele andere Bands schätzen sein unglaubliches Können.

Als er einmal bei meinen *Alten Knacker*n in der Passauer *Redoute* aushalf, standen die Leute auf und klatschten wie in Amerika Standing Ovation!

Nun bin seit mehreren Jahren Mitglied bei den *Rattlesnake Torpedos* und freue mich auf jeden Auftritt. Bruno Theil plant inzwischen sogar Auftritte in Sizilien und Amerika, wohin er beste Verbindungen hat. "Na, schau'n mer mal", - wie der Kaiser sagt. Das ich ziemlich zum Schluss meiner Laufbahn auch diese Musik kennengelernt habe und spielen kann, hätte ich nie gedacht. Aber, man soll ja bekanntlich nie *nie* sagen! *(hatten wir das nicht schon mal?)*

Als Musiker hört man irgendwie nie auf, seiner großen Liebe, der Musik, zu dienen. Und so nutze ich nach wie vor jede Gelegenheit zu spielen.

Als vor kurzem der Trompeter einer Amateurband in Hauzenberg verstarb, fragte man mich, ob ich vielleicht Lust hätte einzusteigen. Da der Bassist der *Alten Knacker Band* dort auch mitspielt, habe ich jetzt eine weitere Möglichkeit, Musik zu machen. Unser Repertoire wurde um meine Soli erweitert, Gesangstitel kamen auch dazu, alles wie in alten Zeiten. Der Name der Band, *Hot 9,* weil wir eben neun Musiker sind.

Manchmal aber gibt es schon komische Situationen. So erinnere ich mich an einen heißen Sommertag vor ein paar Jahren, als plötzlich unten im Flur meines Hauses eine Frau laut rief:

„Ist jemand zu Hause?"

Geklingelt hatte sie auf jeden Fall nicht. Ich kam von oben aus dem Bad und sah sie dann in unserer Küche stehen, wohin sie zwischenzeitlich gegangen war.

„Hallo" sagte ich, „was machen Sie in meinem Haus?".

Sie schaute mich von oben bis unten an und sagte, sie hätte gehört, dass hier ein Trompeter wohnt, und sie würde mal fragen, ob ich eine Beerdigung spielen würde.

Ihr Mann war jetzt auch in die Küche gekommen und rief dazwischen:

„Und zu essen gibt's auch was!"

"Na bravo", dachte ich, "die Leute haben Nerven."

Ich habe sie dann aufgeklärt, dass ich keine Beerdigungen spiele und ihnen jemanden empfohlen. Da sagte sie als Krönung auch noch:

„Das darf aber nicht mehr als zwanzig Euro kosten!"

Vorstellungen haben manche Leute. Unglaublich!

Im letzten Teil meiner Erinnerungen möchte ich jetzt noch gerne ein paar Erlebnisse beschreiben, die in keinem zeitlichen Zusammenhang stehen.

Da fällt mir als erstes eine Begegnung ein, die vor drei Jahren hier in Passau stattfand.

Ich spielte mit der *Hötzdorfern Feuerwehrkapelle* eine Einlage bei der Benefizgala für Leukämierkrankungen und fuhr am Nachmittag zu den Proben in die Dreiländerhalle.

Heino war für diesen Abend der Stargast, der ohne Gage auftreten würde. Was Heino nicht wusste, dass ich auch an dieser Gala teilnehmen würde. Von der Bühne kommend sah ich plötzlich Heinos Frau Hannelore, die auf dem Weg nach oben in die Garderobe war. Ich ging von hinten an sie heran, hakte mich bei ihr ein, und als wir ein paar Schritte gegangen waren, schaute sie auf die Uniform und meinte:

„Das ist aber nett, dass ich von einem Feuerwehrmann begleitet werde!"

Erst dann gab ich mich zu erkennen, und wir beide lachten herzlich über diesen Moment.

Heino begrüßte mich ebenso herzlich, und wir saßen einige Zeit zusammen, sprachen über vergangene Zeiten, unserer Zusammenarbeit und über private Dinge. Wir hatten uns ja einige Jahre nicht gesehen. Der Abend selbst war für die Leukämieerkrankten von den Spenden her ein Riesenerfolg. Es kamen über 100.000 Euro an Spenden zusammen.

Wiedersehen mit Heino

Es ist schon ein Phänomen, dass Heino so bekannt ist. Ich erinnere mich daran, dass er, als wir damals in New York durch Manhattan spazierten, von vielen Leute erkannt wurde. Sie riefen laut „Hallo Heino!" und holten sich Autogramme. Das waren natürlich alles Menschen aus Deutschland. Er sagte mal:

„Nur wenn ich mal meine Brille absetze, erkennt mich keiner!"

Eine andere mir in Erinnerung gebliebene Situation entstand durch unseren früheren Bundeskanzler Helmut Kohl.

1978, Kohl war noch Ministerpräsident in Mainz, als wir den *Ball des Sports* in der Mainzer Rheingoldhalle mit Hugo Strasser spielten.

In einer Pause zwischen zwei Titeln kam Kohl zur Bühne und fragte Hugo, ob wir denn wohl die *Dolannes Melodie* spielen könnten. Hugo sagte ihm:

„Ja, das machen wir doch gerne für Sie, Herr Kohl!"

Wir wechselten schnell die Noten, ich ging nach vorne zum Mikrofon und spielte nach einer kurzen Ansage von Hugo die *Dolannes*

Melodie. Als das Stück zu Ende war, kam Helmut Kohl mit seiner Frau Hannelore an die Bühne, gab mir die Hand, bedankte sich herzlich und sagte noch:

„Ich bin ein großer Liebhaber von Trompetenmusik!"

Einige Monate später war Helmut Kohl zu Gast in meiner Heimatstadt Ahaus, die ihm einen großen Empfang bereitete. Mein Vater spielte zu diesem Empfang, und da ich ihm von der Geschichte erzählt hatte, übergab er Helmut Kohl persönlich eine von mir bespielte Kassette mit der *Dolannes Melodie* mit dem Hinweis, dass es sein Sohn gewesen wäre, der ihm in Mainz die dieses Stück gespielt hätte. Kohl erinnerte sich daran und schien sichtlich erfreut zu sein.

Zwei Wochen später bekam ich über meinen Vater vom Ministerpräsidenten Helmut Kohl einen Brief, in dem er sich für die Kassette bedankte. Ehrlich, ich fand das nicht selbstverständlich, aber sehr, sehr nett.

Alle Politiker sind scheinbar nicht so weit weg vom Volk, wie man vielleicht meinen könnte. So half mir mal der Oberbürgermeister der Stadt Passau meine Anlage für einen Auftritt im Rahmen einer Donau-Schifffahrt der Stadt auf das Schiff *Regina Danubia* zu tragen. Anschließend fuhr er auch noch mein Auto in die Garage, die nur für ihn reserviert war. Da kann man doch wirklich nicht klagen!

Nach den vielen Stunden, die ich im Rahmen meiner Erinnerungen am PC verbracht habe, komme ich nun langsam an das Ende.

Gibt es ein persönliches Resümee?

Wie geht es mir heute?

Abgesehen von den vielen privaten Geschichten, die ein Leben ja maßgeblich mitgestalten, sage ich über den musikalischen Teil meines Lebens:

„Ich bin sehr dankbar!"

Die Musik hat es mir ermöglicht, von der Kindheit bis jetzt so viele freundliche und interessante Menschen kennenzulernen und Freundschaften zu schließen. Ich durfte in viele schöne Teile der Welt reisen, in die ich sonst nie gekommen wäre. Ich durfte bei tausenden Veranstaltungen aller Art meine geliebte Trompete spielen und damit das Publikum erfreuen. Die Aufnahmen in meinem Home Studio machen soviel Spaß. Ich konnte meine Leidenschaft als Autofahrer befriedigen. Was will ich denn noch mehr?

Mir geht es heute gut. Ich beklage mich nicht über die Unwegsamkeiten meines Lebens. Es ging die Tonleiter hinauf und hinunter, wie fast bei allen Menschen.

Solange es mir meine Gesundheit erlaubt, werde ich weiterhin Musik machen mit der gleichen Begeisterung und dem Bewusstsein, was Musik bedeutet.

Vor Jahren fragte mich mal jemand genau danach:

„Was bedeutet dir die Musik?"

Ich überlegte und antwortete mit einem Satz, der für mich Musik definiert:

„Jeder schöne Ton, der aus dem Herzen kommt, ist ein Geschenk an den Zuhörer und ein Gebet an die Göttin der Muse!"

In diesem Sinne sage ich Danke an das Leben und eure Aufmerksamkeit!

ENDE